APERÇU

DES RELATIONS COMMERCIALES

DE L'ITALIE SEPTENTRIONALE

AVEC L'ALGÉRIE, AU MOYEN AGE

APERÇU

DES RELATIONS COMMERCIALES

DE L'ITALIE SEPTENTRIONALE,

AVEC L'ALGÉRIE, AU MOYEN AGE.

EXTRAIT DU TABLEAU DE LA SITUATION DES ÉTABLISSEMENTS FRANÇAIS EN ALGÉRIE,
1843 — 1844.

PARIS.

IMPRIMERIE ROYALE.

1845.

APERÇU

DES RELATIONS COMMERCIALES·

DE L'ITALIE SEPTENTRIONALE

AVEC LES ÉTATS MUSULMANS

QUI ONT FORMÉ LA RÉGENCE D'ALGER, DEPUIS LE TEMPS DE L'INDÉPENDANCE DES DYNASTIES ARABES, JUSQU'À L'ÉTABLISSEMENT DE LA DOMINATION TURQUE EN AFRIQUE (^).

Les provinces de l'Afrique septentrionale portant les noms d'Afrique propre, de Numidie et de Mauritanie, sous l'administration romaine, et qui formèrent, après la conquête du pays par les Turcs, les régences barbaresques de Tripoli, de Tunis, d'Alger et de Maroc, étaient passées, au VIIᵉ siècle, de la domination byzantine, sous l'autorité des conquérants arabes, déjà maître des pays de la Méditerranée orientale; mais les gouverneurs que les khalifes, successeurs de Mahomet, envoyèrent dans ces contrées, désignées chez les Arabes sous le nom de *Maghreb*, ou Couchant, se détachèrent de leur obéissance, et se rendirent indépendants dès le VIIIᵉ siècle. La révolution ne s'accomplit pas sans qu'il y eût des luttes terribles de part et d'autre, et le triomphe de l'insurrection fut suivi de déchirements et de guerres intestines qui agitèrent violemment le Maghreb pendant plusieurs siècles, en divisant le pouvoir entre plusieurs dynasties d'origine berbère ou d'origine arabe.

État florissant du Maghreb, sous le règne des émirs indépendants.

A la chute des Almohades, qui avaient soumis tout le pays à leur puissance, le territoire attribué plus tard à la régence d'Alger se trouva partagé entre les Beni-Zian, dont la capitale était la riche ville de *Tlemsen*, et les Abi-Hafs de *Tunis*, qui étendirent leur autorité souvent contestée sur la partie orientale de la régence, jusqu'à *Bougie*, auparavant le siége d'un royaume que les Almohades avaient détruit. Les principales villes du Maghreb el-Aouçath (Maghreb du milieu), ou de l'Algérie actuelle, étaient, à cette époque, outre celles qui viennent d'être nommées : « *Tenès*, port fréquenté par les navires, dit un géographe arabe « du XIIᵉ siècle; *Oran*, ville commerçante; *Mers el-Kebir*, le port le meilleur et le plus vaste de toute la côte, « et où viennent des navires espagnols de tout tonnage; *Miliana*, dans un pays fertile et bien cultivé; « *Almasila*, dans un terrain fertile, ville commerçante et bien peuplée; *Tahart*, à quatre journées de la mer,

---

(A) Cet aperçu a été rédigé par M. Louis de Mas-Latrie, ancien élève de l'école des chartes, sur des recherches faites et des renseignements recueillis pendant le cours d'une mission dont il a été chargé dans l'Italie septentrionale, par M. le président du Conseil, ministre de la guerre.

« qui s'adonne au commerce et à l'agriculture; *Cherchel,* dont les habitants récoltent de l'orge et
« du blé plus qu'ils n'en peuvent consommer; *Alger,* ville très-peuplée, dont le commerce est florissant
« et les bazars très-fréquentés; *Tobna,* situé au milieu de jardins, de plantations de coton, de champs ense-
« mencés de blé, et dont les habitants se livrent avec succès au commerce; *Constantine,* ville peuplée, com-
« merçante, riche, l'une des plus fortes places du monde; *Djidjeli,* dans un pays fertile et sur une côte
« très-poissonneuse; *Collo,* ville autrefois (1) petite mais florissante, qui possède un port fermé par les
« montagnes; *Arzeu,* bourg considérable où l'on apporte du blé que les marchands viennent chercher pour
« l'exportation; *Mostaganem,* petite ville située dans le fond d'un golfe, avec des bazars, des bains, des jar-
« dins, des vergers, etc.; *Bône,* ville de médiocre étendue, dont le commerce *était* florissant (2), située dans
« un pays qui produit en abondance des bois d'excellente qualité, des fruits, du blé, de l'orge, du lin, du
« miel, *et auprès de laquelle se trouvent des mines de très-bon fer* (3); enfin *Mediana,* petite ville dont le terri-
« toire produit beaucoup de safran, et dont les montagnes renferment des pierres de moulin tellement par-
« faites, que leur durée égale quelquefois celle de la vie d'un homme, sans qu'il soit besoin de les repi-
« quer. »

Edrisi, qui donne ces détails, nous montre l'agriculture en honneur dans toutes les campagnes du Maghreb; l'industrie développée dans les villes; partout un commerce facile, actif et prospère. Nous aurons occasion de revenir sur ces faits.

Les Arabes d'Afrique entretiennent des relations pacifiques avec les chrétiens pendant les croisades.

Un trait caractéristique qui avait marqué la scission des dynasties arabes d'Afrique avec les califes de l'Irak
et de l'Égypte, c'est leur neutralité dans les guerres que ces derniers eurent à soutenir depuis le xi° jusqu'au
xiii° siècle, pour résister d'abord aux invasions des armées chrétiennes en Syrie, et reprendre ensuite sur
les croisés les contrées soumises par leurs armes. Les Arabes du Maghreb demeurèrent étrangers à ces
grands événements, qui absorbèrent pendant trois siècles l'attention et les forces de l'Europe et de l'Asie
musulmane; et, loin de faire cause commune avec les Arabes orientaux, ils en vinrent plusieurs fois aux
mains avec eux.

Ils eurent cependant des guerres terribles avec les chrétiens; et leurs agressions acharnées tinrent
au xi° siècle dans un état d'hostilité presque continuel les pays de l'Europe et de l'Afrique dans la Méditerranée orientale, longtemps après que le flot de l'invasion arabe se fût arrêté; mais ces expéditions
n'avaient d'autre but pour les Maures que de défendre leurs conquêtes en terre ferme et dans les îles
d'Europe, ou d'éloigner les ennemis des côtes de leurs États d'Afrique. Leur politique ne se rattacha qu'ex-
ceptionnellement à celle des princes musulmans de la Syrie; et, quand leur intérêt les porta à déposer les
armes pour entrer dans une voie nouvelle, ils firent sans hésiter la paix avec les chrétiens, et entretinrent
des relations pacifiques, régulières, avec les villes d'où partaient les flottes qui allaient attaquer les Sarrasins
d'Égypte et de Syrie.

Il serait intéressant de tracer le tableau du commerce maritime du Maghreb, en prenant les intérêts
arabes pour base des recherches et des considérations diverses que cette question peut suggérer; il serait
fort utile de savoir, par exemple, quelle part chacune des villes notables des provinces, qui furent plus tard
l'Algérie, prenait dans l'ensemble du commerce extérieur du pays, suivant ses besoins, les ressources de
son agriculture et l'industrie de ses habitants; mais les documents historiques, sans lesquels on ne ferait

---

(1) Au temps d'Edrisi, Collo, Djidjeli et quelques autres villes du littoral de l'Afrique se ressentaient encore des expéditions de Roger
de Sicile, qui en avaient éloigné les habitants; mais elles réparèrent leurs pertes.

(2) Bône avait aussi souffert de la guerre; le roi de Sicile en était maître quand Edrisi écrivait.

(3) « Bône, ajoute Edrisi, est dominée par le *Djebel-Iadoug,* montagne dont les cimes sont très-élevées, et où se trouvent les mines de
« fer dont nous avons parlé. » Il est à remarquer que l'extrémité de la chaîne de l'Iadoug, ou de l'Edough, qui s'avance dans la mer, porte
encore aujourd'hui le nom de *cap de Fer.* A deux journées à l'ouest de Bône, Edrisi signale la ville ruinée d'Arbel, dont le territoire ren-
fermait aussi beaucoup de fer.

que de vaines et dangereuses conjectures, ne sont pas encore assez nombreux et assez connus pour qu'il soit permis d'entreprendre cette histoire spéciale. Il faut donc se transporter dans les états d'Europe, pour examiner de là, et avec les secours que fournissent leurs annales, quelles furent, au moyen âge, la nature et les vicissitudes de leurs relations avec les Arabes de l'Afrique septentrionale. C'est ce que nous allons faire pour l'Italie, ou du moins pour les républiques de Pise et de Florence, de Gênes et de Venise, qui ont eu, durant tout le moyen âge, une influence prédominante sur la politique et la fortune de la Péninsule. L'Italie méridionale, par suite de la longue domination des Sarrasins en Sicile, par l'effet des conquêtes des rois chrétiens de cette île sur les côtes d'Afrique, et en raison de la similitude des productions territoriales des deux pays, se trouva dans des conditions particulières; ses rapports avec le Maghreb demandent à être appréciés séparément. Ce sera l'objet d'un travail ultérieur.

Réduite même à ces proportions, la notice qui va suivre ne peut présenter un exposé complet et détaillé du commerce de l'Italie septentrionale avec l'Algérie ou le Maghreb el-Aouçath; des circonstances qui l'étendirent ou le modifièrent à diverses époques; de la quotité et de la variété de ses exportations. L'insuffisance des renseignements ne le permet pas : c'est par une sorte de hasard que l'on trouve, en effet, dans les chroniqueurs ou les voyageurs antérieurs au xive siècle, quelques témoignages sur ce sujet. La source historique la plus importante est celle des traités et des lettres échangées entre les princes d'Afrique et les villes chrétiennes; mais ces documents, disséminés dans les archives des villes d'Italie, sont malheureusement fort rares. Toutefois, en complétant les renseignements certains et souvent détaillés que les pièces diplomatiques fournissent sur certaines époques, par les indications éparses dans les historiens et les géographes, on peut former les traits principaux d'une histoire du commerce des Italiens avec l'Afrique septentrionale, signaler les villes qu'ils fréquentaient particulièrement, la nature des priviléges dont ils y jouissaient, les produits que le pays leur livrait, ceux qu'ils y apportaient; on peut enfin suivre les événements qui ont quelquefois suspendu ces relations amicales, ou qui leûr ont donné en d'autres temps plus d'extension.

Rareté des documents historiques sur le commerce des chrétiens et des Arabes. Importance des traités.

Les premiers navigateurs italiens qui fréquentèrent habituellement les ports du Maghreb sont les Pisans, dont la puissance maritime, alors supérieure à celle des Génois, balançait, souvent avec avantage, les forces de Venise. Le xie siècle avait vu les flottes arabes et chrétiennes de la partie occidentale de la Méditerranée se combattre et porter la désolation sur les côtes d'Afrique et d'Europe; mais la fin de ces luttes fut le commencement d'une ère nouvelle et ouvrit aux marchands chrétiens les ports dont leurs navires ne s'étaient approchés auparavant que dans l'espoir du pillage. Les graves échecs qu'avaient reçus les Sarrasins d'Afrique jusque sur les côtes de leurs états les disposaient à la paix, et leur faisait désirer de réparer leurs désastres par le commerce. Ils avaient perdu la Sardaigne, soumise au protectorat de la république de Pise; la Sicile, dont les Normands avaient fait la conquête; et si ces revers étaient compensés, pour la cause de l'islamisme, par les succès de Iousef ben Tachfin en Espagne, rien ne dédommageait particulièrement les princes du Maghreb de la défaite de leurs flottes devant Alger, du pillage de Tunis par les Pisans et les Génois, de la prise de Bône par Roger de Sicile.

Origine des établissements pisans dans le Maghreb. xiie siècle.

Les événements survenus pendant le même temps dans les mers et dans les états chrétiens du Levant réagissaient sur la politique des peuples d'Europe, et portaient les sujets de la république de Pise, dont les négociations étaient avant tout dirigées par l'intérêt commercial, à nouer des relations pacifiques avec les Arabes d'Afrique. Venus des premiers en Orient lors des croisades qui avaient ouvert une carrière si vaste et si féconde aux armateurs des villes maritimes, les Pisans avaient reçu des priviléges dans les ports du royaume de Jérusalem, et, surmontant des difficultés que les considérations religieuses et les rivalités commerciales leur opposaient, ils avaient, les premiers, traité avec les sultans d'Égypte et fondé des comptoirs dans leur royaume (1), en même temps qu'ils s'établissaient avec les Vénitiens et les Génois

---

(1) Documents de 1164 et 1175, publiés par Lami, *Deliciæ eruditorum*, Florence, t. V, pag. 194. Les priviléges commerciaux des Vénitiens en Égypte ne sont que de 1238, ceux des Génois de 1290.

dans les provinces des souverains de Byzance. Ils exploitaient avec leur ardeur accoutumée les diverses branches de ce commerce, dont ils retiraient de grands bénéfices; quand leur alliance avec l'empereur Frédéric II vint diminuer leur crédit en Syrie, où le parti gibelin fut toujours en défaveur, et leur fermer successivement les ports de la Sicile, de la Morée, de la Romanie et de la mer Noire.

C'est dans le cours de cette révolution, et quand les Pisans luttaient encore en Orient pour maintenir les droits de leur pavillon, que, tournant leurs vues vers le commerce du Maghreb, ils firent la paix avec les princes dont ils étaient naguère les plus redoutables adversaires, et obtinrent le droit de s'établir dans leurs états pour se livrer au commerce d'importation et d'exportation. Ces avantages furent dus en grande partie à Cocco Griffi, premier consul de Pise, envoyé en ambassade auprès de l'émir de Bougie et d'Abdallah Boucoras, roi de Tunis.

Des documents positifs, conservés en original dans les archives de Florence, dont les principaux sont les lettres éparses d'une correspondance suivie entre l'archevêque et les consuls de Pise d'une part, et divers princes sarrasins d'autre part, constatent que, dès le milieu du xiie siècle, les Pisans étaient fixés en corps de nation dans les états du roi de Tunis et de l'émir de Bougie (1).

Importance du commerce de Tunis et de Bougie.

Tunis et Bougie dans l'est, comme Ceuta dans l'ouest, étaient alors, et demeurèrent pendant plusieurs siècles, les centres les plus actifs des affaires et des communications des Européens avec les Arabes et les entrepôts les plus considérables des marchands africains. Étendu et fortifié par les Beni Aghlab et les Fathémites, agrandi et enrichi encore par l'immigration des habitants de la nouvelle Carthage et de Bône depuis les expéditions des Normands, Tunis présentait au moyen âge un aspect d'opulence et de force que la longue incurie des Turcs n'a pu lui faire perdre tout à fait, quoique la ville de Suze soit aujourd'hui le port le plus commerçant de la régence. Ses magasins et ses bazars renfermaient en abondance du blé, des cuirs crus et des cuirs corroyés, de la cire, du miel, de l'ivoire, des plumes d'autruche, des coraux, de l'alun et de la poudre d'or, qu'y apportaient les caravanes venues de l'intérieur de l'Afrique.

La position de Bougie n'était pas moins favorable que celle de Tunis, ville dont elle était tour à tour, suivant les chances de la guerre qui divisait encore les conquérants du Maghreb, la rivale ou la sujette; son industrie et son commerce soutenaient avantageusement la concurrence des marchés tunisiens. Edrisi nous donne à ce sujet des renseignements qui peuvent ne pas être sans utilité pour l'avenir de la colonisation et de la fortune de cette place. « De nos jours, dit le géographe, Bougie (Bedjaïa) est la capitale des Beni « Hammad. Les vaisseaux y abordent, les caravanes y viennent, et c'est un entrepôt de marchandises. Ses ha- « bitants sont riches et plus habiles dans divers arts et métiers qu'on ne l'est généralement ailleurs, en sorte « que le commerce y est florissant. Les marchands de cette ville sont en relation avec ceux de l'Afrique oc- « cidentale, ainsi qu'avec ceux du Sahra et de l'Orient; on y entrepose beaucoup de marchandises de toute « espèce. Autour de la ville sont des plaines cultivées, où l'on recueille du blé, de l'orge et des fruits en « abondance. On y construit de gros bâtiments, des navires et des galères, *car les montagnes et les vallées* « *environnantes sont très-boisées et produisent de la résine et du goudron d'excellente qualité* (2). On y trouve des « fruits, d'excellents comestibles à prix modiques, et une grande variété de viandes. Dans ce pays, ainsi que « dans ceux qui en dépendent, le bétail et les troupeaux réussissent à merveille, et les récoltes sont telle- « ment abondantes, qu'en temps ordinaires elles excèdent les besoins des consommateurs, et qu'elles suffisent « dans les années de stérilité.... Les habitants du pays de Bougie se livrent à l'exploitation des mines de « fer, qui donnent de très-bon minerai : en un mot, la ville est très-industrieuse...... Bougie est un « centre de communications. »

____

(1) *Archivio delle riformagioni*. Série dite des *Cartapecore*. Reg. XXII.

(2) Il nous paraît d'autant plus important de signaler ces détails, que les bois des environs de Bougie et les produits qu'on doit en retirer n'ont pu encore être étudiés par le service forestier. Voyez le *Tableau de la situation de l'Algérie en 1841*, pages 258 et suiv.

Les Pisans s'étaient établis en grand nombre dans cette ville, au xiie siècle : ils y étaient administrés par un consul qui jouissait de toute juridiction sur ses compatriotes; ils y avaient construit des maisons, des magasins, des bains, une église, une bourse, qui servait en même temps de douane. Léonard, fils de Bonaccio, plus connu sous le nom de Fibonacci, ou de Léonard de Pise, écrivain de la douane pisane de Bougie, se rendit célèbre au commencement du xiiie siècle, en composant un traité de l'Abacus, dont le manuscrit est conservé à Florence, dans la bibliothèque Magliabecciane.

Les marchandises dont les Pisans exportaient les quantités le plus considérables de Bougie, étaient les peaux de boucs, les cuirs de bœuf, de cheval et de chameau, quelques-uns tannés et déjà mis en teinture, mais la plus grande partie frais encore, et seulement salés. De grandes usines, établies sur les bords de l'Arno, préparaient et coloraient ensuite, dans les murs de Pise, ces peaux, qui devenaient ainsi un des objets les plus productifs des exportations de cette industrieuse cité. L'extraction des cuirs africains, pour la ville de Pise, s'étant considérablement accrue, éveilla la jalousie des commerçants espagnols, qui se rendaient aussi dans les ports du Maghreb oriental, et, à leur instigation, sans doute, l'émir de Bougie voulut obliger les Pisans à payer un droit nouveau en sortant des limites de son territoire. La république s'en plaignit aussitôt par une lettre qui montre les sentiments de confiance et de bonne harmonie qui régnaient habituellemnt dans les rapports des Pisans avec les princes du Maghreb (1).

Les navigateurs toscans obtinrent vraisemblablement satisfaction de l'émir, car on ne voit pas qu'ils aient plus tard renouvelé leurs plaintes; mais il n'est pas probable que leurs réclamations aient eu pour objet de faire affranchir complétement leurs exportations des droits de douane qu'ils payaient sans doute à Bougie, comme à Tunis, et dans les ports de Syrie et d'Égypte. Ces droits varièrent suivant le temps, les lieux et les marchandises, depuis la franchise entière jusqu'au taux de 10 p. o/o. Abdallah-Boucoras, le premier prince de Tunis qui eût assuré, par des priviléges, le commerce des Pisans dans son royaume, consentit plus tard, en sa faveur, à une forte diminution sur les droits de sortie du blé; il l'exempta même totalement des taxes pour l'exportation de l'alun, et affranchit, dit-on, ses importations du dixième auquel elles étaient assujetties en entrant dans ses états (2).

Les Pisans profitèrent de la paix et de la bonne harmonie qui régnaient entre eux et les Sarrasins pour s'établir dans l'île de Tabarque et la petite ville voisine, nommée alors *Mers el-Djoun*, dont les côtes ont été, de tout temps, extrêmement fertiles en corail. Les Italiens, comme les Catalans, prenaient part à la pêche qu'en faisaient les indigènes; et ce commerce, garanti seulement par la France à son industrie au xvie siècle (3), était, dès le xiie, dans un état de prospérité extraordinaire. Cinquante barques, montées par mille hommes d'équipage, c'est-à-dire, par un nombre de marins presque double de celui qu'employait notre ancienne compagnie de la Calle, exploitaient annuellement les gisements de Tabarque, et en retiraient des coraux dont la vente, effectuée dans l'île même, où se rendaient les marchands des pays les plus éloignés, s'élevait à des sommes considérables. Les produits des bancs sous-marins de Mers el-Djoun et de Tabarque étaient renommés, dès ce temps, comme d'une qualité supérieure à tous les coraux de la Méditerranée, et notamment à ceux des gisements de Ceuta et de la Sicile.

Les bénéfices que procuraient aux Pisans leurs relations avec les villes maritimes de la côte d'Afrique s'accrurent à mesure que leur puissance s'affermissant en Italie, sous la protection des empereurs d'Allemagne, ils purent augmenter leur marine. Aussi, lorsque le cours des événements d'Orient et la fondation d'un empire latin à Constantinople les eut, pour quelque temps, rappelés sur les côtes de l'archipel et de la mer Noire, les marchands qui avaient dirigé leurs navires, leurs cargaisons et leurs capitaux vers les ports Africains, ne les retirèrent pas. Tout en assurant leurs priviléges à Constantinople et au Caire, les Pisans surent donner encore plus d'activité à leur commerce du Maghreb.

(1) Ce document, daté du 18 mai 1182, est conservé en original aux archives de Florence. *Riformag. Cartapecore*, reg. xxii, n° 4.
(2) Documents cités par Fanucci, *Storia de'tre popoli maritimi dell' Italia*. Pisa, 1817-1822, tome II, page 49.
(3) Voyez le *Tableau de la situation de l'Algérie en 1837*, pages 96 et 353.

Ils ne se renfermaient pas dans les simples opérations d'exportation et d'importation entre les deux rives de la Méditerranée; leur génie industrieux et l'amour du gain les portaient vers d'autres entreprises non moins lucratives. Ils étaient devenus, dans plusieurs villes, les courtiers les plus actifs des transactions commerciales entre les indigènes et les Européens; ils louaient leurs navires et leurs hommes aux marchands musulmans; ils faisaient souvent, soit pour le compte des négociants arabes qui les commissionnaient, soit à leur profit et à leurs risques, le commerce de cabotage entre les différents ports de l'Afrique, et comprenaient, dans leurs navigations, toute la côte, depuis Ceuta jusqu'à Tripoli et Alexandrie. Il semble même qu'ils eussent, dès ce temps, la faculté de s'adjoindre aux grandes caravanes qui traversent annuellement le nord de l'Afrique, dans toute son étendue, pour se rendre à la Mecque, privilége remarquable, et peut-être sans exemple dans les autres états arabes, mais dont les Pisans et les Vénitiens jouirent positivement au xive siècle.

Premier traité connu de la république de Pise avec les princes du Maghreb. 1230.

Des conventions écrites garantirent de bonne heure aux Pisans les faveurs qu'ils avaient obtenues en Afrique; on ne sait cependant à quelle époque remonte le premier accord public qu'ils arrêtèrent à ce sujet avec les princes musulmans, et le traité le plus ancien que l'on connaisse est seulement de l'an 1230 ou 627-628 de l'hégire (1). Il accorde les franchises aux navigateurs pisans sur toutes les terres du *roi des Sarrasins d'Afrique*, titre particulier du roi de Tunis, qui régnait alors sur le royaume de Bougie. Ce traité, dont l'original paraît avoir disparu des archives de Pise ou de Florence, où il était conservé, a été traduit en italien et publié par Flaminio dal Borgo dans son recueil de diplômes pisans (2). Ses dispositions consacrent les conventions principales dont l'esprit se retrouve dans les traités contemporains ou postérieurs des Catalans, des Provençaux, des Génois, des Siciliens et des Vénitiens; on peut donc, en l'examinant, avoir une idée des conditions générales qui réglaient les rapports des Arabes avec les navigateurs chrétiens de la Méditerranée au xiiie siècle.

Les premiers articles de la convention, complétés par les articles 5, 6 et 17, garantissent aux marchands Pisans, pour l'espace de 30 ans, une entière sécurité et protection quant aux personnes et aux marchandises; la libre faculté d'aller et de venir pour leurs affaires dans l'intérieur des terres, d'y vendre et acheter toutes marchandises, de se retirer et de reprendre la mer quand ils voudraient; enfin, le droit d'établir des fondouks, des bains, des cimetières et des églises dans toutes les villes de l'*Afrique* et du royaume de Bougie. Ce privilége absolu et sans restriction reconnu aux Pisans ne fut pas d'abord accordé dans toute son étendue aux Génois et aux Vénitiens, qui eurent besoin de négociations renouvelées pour obtenir successivement la faculté de s'établir dans les diverses villes du Maghreb.

On voit, par le traité de 1230, que plusieurs des immunités accordées par Abdallah-Boucoras étaient seulement temporaires et spéciales à certaines marchandises, car l'article 5 montre que les Pisans payaient dès lors un droit sur leurs achats en Afrique, et l'article 3 constate que les provenances de Pise étaient

---

(1) Les historiens et les auteurs de collections diplomatiques n'ayant pas tous également tenu compte de l'excédant de l'année solaire, base du comput des chrétiens, sur l'année lunaire, suivie par les Arabes, il s'en est suivi, dans les résultats de leurs calculs, des différences notables et une véritable confusion dans la concordances des dates. Plusieurs des traités dont il est question dans cette notice sont cités, dans divers ouvrages imprimés ou manuscrits, sous des dates différentes, comme s'il s'agissait de deux traités distincts et séparés: d'autres sont considérés comme perdus, quoiqu'ils soient signalés par les mêmes auteurs à leur véritable date.

Ainsi le traité conclu par la république de Pise avec les Sarrasins d'Afrique, le 14 de schewal de l'an 662 de l'hégire, est, par erreur, cité comme antérieur à celui de l'an 1230 de l'ère chrétienne, bien que le texte même indique la concordance de la première date avec le 3 des ides (le onze du mois) d'août 1265.

Le traité de Pise, du 28 rabié 759, qui correspond au 7 avril [1358], est cité sous les dates de 1363, 1373, 1374.

La lettre du roi de Tunis aux Pisans, de l'an 596 de l'hégire [1199-1200 de J.-C.], est citée sous la date de 1218.

Le traité de Florence, du 7 de xucal 827 [1er ? octobre 1424], est cité comme de l'an 1449; etc.

Les concordances placées ici entre crochets [ ], ne sont pas dans l'original du traité, et sont extraites des tables chronologiques de l'*Art de vérifier les dates.*

(2) *Raccolti di scelti diplomi Pisani.* Pisa, in-4°, 1765, page 210.

toujours soumises au 10 p. o/o en arrivant dans les états du prince arabe ; seulement l'or et l'argent importés n'étaient frappés que du 5 p. o/o. Mais, une fois les tarifs payés à la douane, les marchands pouvaient transporter leurs cargaisons d'une ville à une autre dans tous les états du roi, sans aucune entrave, et sans être assujettis au payement de nouvelles taxes, en vertu de l'article 10.

L'article 9 est important ; il montre, dans des temps et des pays que l'on est généralement porté à considérer comme étrangers aux idées de justice et de liberté commerciale, le plus grand respect du droit des gens, et la protection la plus certaine du privilége des neutres, une des plus heureuses conquêtes de la législation moderne sur la barbarie. On y voit en même temps que les princes musulmans, dans le but d'augmenter leur marine, favorisaient la vente de navires chrétiens dans leurs états. « Les Pisans qui vou-
« dront vendre un navire, dit Abdallah, ne seront obligés de payer aucun droit, à moins qu'ils ne le ven-
« dent aux ennemis du roi. » En rapprochant cette disposition, un peu vague, des termes précis du privilége pisan de 1265, et des priviléges génois de 1236, 1250, 1272, on voit, non-seulement que les princes arabes avaient supprimé les droits levés auparavant sur les ventes de navires faites par les chrétiens à Tunis ou à Bougie, mais qu'ils leur permettaient même de vendre des vaisseaux et des agrès maritimes à leurs ennemis. Seulement, dans ce cas, il était prélevé un droit de 10 p. o/o sur le marché. Au temps de la domination des Turcs, les chrétiens qui auraient ainsi vendu leurs navires l'auraient vu à l'instant saisi ou pillé.

Les princes musulmans ayant conservé les mœurs et les habitudes des souverains d'Orient, paraissaient toujours en public dans un appareil imposant, et ne laissaient pas facilement approcher de leur personne ; les ministres et les grands du royaume imitant leur maître, renvoyaient souvent à leurs officiers la connaissance des affaires qui les concernaient. Mais les Pisans stipulèrent, par l'article 13, que leur consul serait admis au moins une fois par mois en présence du roi, et qu'il pourrait traiter des intérêts de ses nationaux en tout temps et directement avec les chefs du gouvernement.

L'article 16 consacra la juridiction du consul de la république pour connaître seul des différends survenus entre Pisans.

Les Génois, qui avaient souffert comme les Pisans des variations de la politique des empereurs de Constantinople, n'avaient pas tardé à suivre leurs rivaux sur les côtes d'Afrique, et là, comme ailleurs, les deux peuples furent en lutte et en vinrent quelquefois aux mains. Renfermée dans un territoire peu étendu, et qui ne fournissait pas de denrées en quantité suffisante pour la nourriture de sa population, la ville de Gênes, par une nécessité qui devint la cause de sa fortune, fut impérieusement poussée vers le commerce maritime. Entre tous les métiers auxquels le peuple génois s'était adonné, la préparation et le tissage des laines, la confection et la vente des draps était l'un des plus importants, et celui que le gouvernement encourageait plus particulièrement. Les Génois faisaient un immense trafic de laines brutes, de laines teintes ou tissées, avec les villes de la Provence, du Languedoc, de la Champagne, de la Catalogne, et ils exportaient ensuite ces matières dans les divers pays de la Méditerranée après les avoir façonnées en draps, en boucrans, en futaines, en bonnets de couleurs. L'industrie des étoffes en laines prit chez eux une si grande extension au XIIIe siècle, qu'ils durent se ménager des approvisionnements réguliers dans les villes de Bône, de Bougie et de Tunis, où ils trouvaient des laines à meilleur marché ou de qualité supérieure à celles que l'Espagne, la France et les États romains leur avaient jusque-là fournies exclusivement.

Les Pisans, qui auraient voulu s'attribuer le monopole des échanges commerciaux avec les Sarrasins, cherchèrent à entraver les opérations de leurs concurrents et à leur susciter des difficultés dans le pays ; mais les Génois soutinrent vigoureusement les droits de leur commerce, et les navigateurs toscans, battus en 1200 dans le port même de Tunis, furent obligés de se soumettre et de partager avec eux le commerce du nord de l'Italie. La faveur des musulmans soutint les efforts des Génois, car les princes arabes, désireux de favoriser le développement du commerce de leurs états, devenu plus nécessaire aux peuples de l'Europe chrétienne depuis que le royaume de Jérusalem penchait vers sa ruine, reconnurent qu'il était de leur intérêt de ne pas donner à une nation, au désavantage des autres, des priviléges exorbitants, et qu'il leur importait d'accorder une égale protection à leur commerce. Aussi voit-on dès cette époque que leurs traités publics ont pour but, sans diminuer les immunités accordées aux Pisans, de faire participer successivement les Génois, les Catalans, les Provençaux et les autres peuples d'Europe à peu près aux mêmes faveurs.

Les laines n'étaient pas le seul article des exportations génoises venant du Maghreb. Les traités publics désignent rarement en détail les objets du commerce qu'ils sont destinés à régler, et les comprennent tous sous la dénomination générale de marchandises; mais les documents privés, les contrats et les lettres échangées entre particuliers nous montrent que les Génois achetaient, au xiii° siècle, dans les ports d'Alger, de Bône, de Bougie et de Tunis, de l'alun, de l'huile à savon, des plumes d'autruche, des pelleteries, des maroquins, des cuirs communs, de la cire et des fruits secs. Ils y vendaient des navires, des bateaux, des agrès, de l'or et de l'argent monnayé ou en lingots, des vins, des liqueurs, des draps, des étoffes de soie, des toiles d'Italie, des toiles de Rouen et de Reims, des objets de quincaillerie et de mercerie, enfin, des drogues du Levant; car ils se livraient, comme les Pisans, au commerce de cabotage entre l'Égypte et les autres pays de l'Afrique septentrionale (1).

Directions diverses du commerce des Européens sur les côtes d'Afrique.

Il est à remarquer cependant, et cette observation concerne le commerce des Pisans et des Génois, comme celui des Siciliens, des Napolitains et des Vénitiens, que les navigateurs d'Italie se dirigèrent vers les côtes orientales du nord de l'Afrique de préférence aux pays du Maghreb el-Aksa. Bien qu'ils visitassent les ports du couchant et que les Génois se fussent même avancés, dès la fin du xiii° siècle, sur la côte occidentale du Maroc vers le cap Bojador, leurs relations étaient infiniment plus actives avec les côtes orientales, à partir de la position d'Alger jusqu'à Tripoli. Les Portugais et les Catalans, au contraire, par leur proximité des provinces du Maghreb de l'Ouest, furent toujours en rapports fréquents et immédiats avec Tanger, Ceuta, Salé, Melilla, Tlemsen, Arzeu, Mostaganem et Alger, de préférence aux autres ports. Quant aux armateurs du midi de la France, ils se rendaient également dans les ports de l'est et de l'ouest, à Ceuta, comme à Bougie et à Tunis; mais l'intérêt du commerce des concessions d'Afrique les porta particulièrement au xvi° siècle sur les plages qui font face aux côtes de Provence et de Languedoc, entre Djidjeli, La Calle et Tabarque.

Traités de commerce entre les Génois et les Arabes du Maghreb. 1230. 1236.

On n'a pu retrouver le traité de commerce conclu par les Génois avec les Sarrasins d'Afrique en 1230 (2); mais on connaît celui qu'ils arrêtèrent, pour le renouveler sans doute, quelques années après (3). Il est de l'an 1236 et du règne d'Iahïa, surnommé *Abou-Zakaria*, prince valeureux qui avait maintenu sous sa dépendance les royaumes de Bougie et de Tripoli, qui étendit plus tard sa domination jusqu'au pays de Tlemsen. L'émir de Tunis assure les Génois de sa protection dans toute l'étendue de ses états, depuis Tripoli, sa limite à l'est, jusqu'aux confins du royaume de Bougie, à l'ouest; il leur confirme la faculté de vendre

(1) *Registri pubblici di Richeri*, cités par le P. Semini, dans le Mémoire sur le commerce de Gênes, composé, en 1798, par ordre du directoire de la nouvelle république ligurienne. Ce mémoire, qui traite seulement du commerce de Gênes au xiii° siècle, et dans une partie du xii°, est conservé en manuscrit aux archives royales de Turin. En voici le titre : *Memorie sopra il commercio de' Genovesi nelle scale marittime e terre del Levante, dal secolo x, fino al secolo xv, compilate per ordine del Direttorio esecutivo della Ligure repubblica nel settembre dell' anno 1798 e 11° della Ligure repubblica.*

(2) Voyez le *Tableau de la situation de l'Algérie, en 1840*, page 412.

(3) Nous n'avons trouvé l'original de ce nouveau traité ni à Gênes, où il était d'abord conservé, ni à Turin, où l'on a transféré une partie des archives de l'ancienne république. Semini, qui l'a connu, en a donné le texte dans son mémoire sur le commerce de Gênes, mais il parait s'être mépris en l'attribuant exclusivement au roi de Tripoli. Les mots « *Tripoli de Barbaria usque ad fines regni Bucie*, qui servent, dans le traité, à déterminer les limites du royaume du prince musulman, et qui paraissent avoir porté Semini à reconnaître dans ce souverain l'émir de Tripoli, designent, au contraire, le royaume de Tunis, qui s'étendait, il est vrai, depuis Tripoli jusqu'à Bougie, en comprenant ces deux villes et les pays qui en dépendaient; le nom de *Moadü* signifie, non pas les Tripolitains, mais les sujets des Abi Hafs de Tunis, princes qui, se considérant encore comme les descendants, et en quelque sorte comme les feudataires des Almohades d'Espagne, bien qu'ils se fussent rendus indépendants en Afrique, prenaient aussi le nom d'*Almohades* ou *Almohavides*, en latin *Moadini* ou *Moadü*; enfin le titre de *dominus Africe*, qui est donné au prince dans le traité, ne peut désigner qu'un roi de Tunis, et sous le nom latin de *Busacharinus*, on doit reconnaître, sans aucun doute, Abou-Zakaria, qui a régné dans l'ancienne Afrique proprement dite de 1222 à 1249. C. F. De Sacy, *Notices et extr.* tom. XI. p. 23. M. Reinaud, *Traités avec l'Aragon*, p. 41, cités plus loin.

et d'acheter toutes marchandises sous les droits ordinaires, dans les villes où ils avaient coutume de se rendre, et d'en retirer les marchandises qu'ils n'auraient pu vendre sans payer les douanes; mais il réserve expressément la liberté du commerce avec les ports où ils n'avaient pas coutume d'aller, et déclare même qu'il ne sera permis aux navires de Gênes d'aborder en ces lieux qu'au cas de nécessité imminente, soit pour échapper au naufrage, soit pour renouveler les provisions, ou pour réparer quelque avarie après la tempête; restrictions sévères, qui constatent la jalousie et l'influence encore considérable des Pisans auprès des princes musulmans.

Il fut convenu que les Génois pourraient vendre librement des navires et des bateaux aux hommes de tous les pays amis, mais que si la vente était faite aux ennemis du roi, une taxe, probablement de 10 pour cent, serait prélevée sur le prix d'achat.

Les Génois possédaient déjà des établissements importants dans plusieurs villes, et le traité pisan de 1230 nous apprend même que leur magasin de Tunis était plus vaste que celui des Pisans; mais les Liguriens n'avaient pas de comptoirs dans toutes les villes où il leur était libre de commercer, et souvent ils se voyaient obligés de louer fort cher une place dans des magasins étrangers pour y déposer leurs marchandises. Le traité de 1236 améliora cette situation en leur permettant d'établir des fondouks séparés de ceux des autres nations chrétiennes, dans les villes où ils avaient le droit de vendre et d'acheter. Diverses dispositions réglèrent les conditions des ventes et des criées aux enchères que les chrétiens faisaient faire par des drogmans autorisés des magistrats arabes, et fixèrent les droits dus à ces interprètes. Un article spécial consacra pour les Génois la faculté d'exporter annuellement du blé des états du roi, et exempta ce commerce des droits de sortie, quand il était constant que la disette se faisait sentir en Italie; mais une restriction de prévoyance, dont le but était à la fois de favoriser l'exportation des autres nations commerçantes et de conserver au pays les subsistances nécessaires, fut apportée à la concession. On arrêta que les Génois pourraient acheter seulement le chargement de cinq navires par an, et qu'ils s'obligeraient, en donnant caution, à expédier les grains à Gênes même, et non ailleurs.

Les conditions du commerce ainsi réglées et garanties, Abou Zakaria assura la liberté et la protection des marchands en déclarant que le corps des Génois, pas plus qu'un Génois individuellement, ne pourrait être responsable des crimes ni des délits de leurs compatriotes, et l'on ne voit pas que la république de Gênes ait eu plus tard à se plaindre de la violation de ce principe important. Les traités que les pachas ottomans des régences barbaresques conclurent avec l'Europe, du XVI° au XVIII° siècle, renfermaient la plupart des stipulations semblables, mais ne garantirent jamais efficacement la liberté personnelle et l'irresponsabilité des nationaux. Quand un délit était attribué à un Franc, ses compatriotes se trouvaient passibles de sa faute, et quelquefois le consul lui-même, malgré la foi des traités, était obligé de réparer les torts qu'avait pu occasionner un malfaiteur. Cet usage barbare et funeste à la liberté du commerce, se retrouve presque consacré dans le droit public de l'Égypte sous le règne des Mamelouks, mais ne paraît pas avoir été admis dans le Maghreb, au temps des dynasties indigènes.

Le traité de 1236 n'accordait pas encore aux Génois des priviléges aussi étendus que ceux dont les Pisans jouissaient dans les territoires qui devinrent les régences d'Alger et de Tunis; il restreignait pour eux la faculté de se livrer au commerce, et le droit d'exportation; il semble même qu'il n'admit pas en toute matière la juridiction du consul; mais il consacra un état de choses favorable dans son ensemble au commerce des Génois, et prépara les priviléges plus amples que leur assura le traité de 1250 (1).

Dans ce nouveau pacte, négocié au nom de la république, par Guillelmino Cibo, avec le roi Mohammed Abou Abdallah, surnommé ordinairement *Al-Mostanser-Billah, celui qui cherche son secours en Dieu,* les droits et les possessions des Génois dans les états de l'émir furent confirmés, leurs priviléges renou-

Extension
des priviléges
des Génois
en Afrique.
Nouveau traité.
1250.

(1) Ce document a été publié par M. de Sacy, *Notices et extraits des manuscrits de la Bibliothèque royale et autres bibliothèques,* tome XI, pages 22 et suivantes.

4

velés et augmentés; la juridiction et l'inviolabilité du consul génois reconnue; l'adjonction d'un écrivain ou chancelier de la nation pour veiller, de concert avec les employés indigènes, à l'acquittement des douanes et aux contestations nombreuses qu'occasionne ordinairement la perception, assurée. Boabdile, c'était le nom d'Abou Abdallah chez les chrétiens, promit protection et secours à tous les Génois commerçant en Afrique, et s'engagea à prendre sous sa garde particulière les hommes et les biens que la tempête jetterait sur ses côtes, accédant ainsi au nouveau droit des gens qui commençait à s'établir en quelques pays, mais qui fut méconnu longtemps encore par beaucoup de peuples de l'Europe chrétienne, chez lesquels la sauvage coutume de spolier les naufragés était regardée comme un droit naturel et imprescriptible.

L'émir accorda la liberté des marchés aux Génois, comme son père Iahïa, et réduisit, par une faveur extraordinaire, le tarif des douanes de 10 à 5 pour o/o, non-seulement sur les métaux précieux apportés aux hôtels des monnaies que les princes arabes avaient établis à Tunis et à Bougie, mais sur toute espèce de denrées ou de marchandises.

Une disposition du traité, dont le principe se retrouve dans les conventions de 1236, prouve que la marine des Maghrebins ne suffisait pas toujours à leur commerce, et que les Génois, comme les autres nations européennes, participaient à leur industrie par le louage des navires. Le commissaire arabe stipula en effet que le roi ou ses sujets venant à manquer de vaisseaux dans un de leurs ports, les Génois seraient obligés de mettre à leur disposition le tiers de ceux qui s'y trouveraient, en recevant un juste prix de nolis; mais il fut déclaré que les officiers du prince pourraient seulement mettre en réquisition les navires dont le chargement ne serait pas encore commencé.

Du commerce
des Vénitiens
avec l'Afrique
septentrionale.
Traité
du mois
de Moharrem, 649
(1er avril 1251).

Les Vénitiens n'étaient pas restés jusque-là étrangers au commerce du Maghreb; toutefois, il ne faut peut-être pas faire remonter leurs premières relations avec ce pays aussi loin que l'auteur de l'*Histoire civile et politique du commerce de Venise*. Dandolo, ou plutôt Sanuto le jeune, rapporte bien, dans sa chronique, que le doge Urseolo II, dont le règne s'étend de l'an 991 à l'an 1003 « se lia d'amitié avec tous les princes sarrasins; » mais cela doit plutôt s'entendre des émirs arabes encore maîtres des îles Baléares, de la Sardaigne, de la Sicile et d'une partie de l'Italie méridionale, où les marines chrétiennes de l'Adriatique les avaient souvent combattus, que des Arabes de l'Afrique occidentale, avec lesquels rien ne montre qu'ils aient eu de rapports ni avant le règne d'Urseolo II, ni de longtemps après sa mort. Retenus d'abord en Syrie et en Égypte à la suite des premières croisades, attirés plus tard en Romanie et dans les îles de l'Archipel, lors de la fondation de l'empire français de Constantinople, les Vénitiens se reportèrent peu après sur les côtes d'Afrique, quand la chute des princes latins de Byzance devint imminente; ils traitèrent avec les émirs dès l'an 1230, à la même époque que les Pisans, les Génois et les Marseillais; vingt ans après, la république, par cette sage et habile politique qui assurait le succès à toutes ses entreprises, obtint pour ses nationaux commerçant dans les royaumes de Tunis, de Bougie et de Tripoli, des priviléges qu'elle ne tarda pas à rendre aussi importants que ceux des Pisans, les plus anciens alliés des Maghrebins. Ce fut l'objet des négociations de Philippe Julien, envoyé à Tunis par le doge Marino Morosini, et du pacte que conclut cet ambassadeur avec Mohammed Abou Abdallah, le 1er avril 1251 (1).

Le traité, après avoir assuré pour 40 ans le commerce des Vénitiens de la protection de l'émir, sur terre et sur mer, leur donna le droit d'établir des fondouks dans toutes les villes où ils commerçaient déjà, leur garantit la propriété et la libre administration de ces établissements, où personne ne devait entrer sans leur permission. Il reconnut que le doge de Venise avait seul le droit de nommer le consul, qui siégerait dans le fondouk et y rendrait la justice; de plus, que les Vénitiens devaient avoir un écrivain de leur nation dans la douane du prince, pour tenir lui-même les registres où s'inscrivaient les marchandises de ses compatriotes.

(1) Ce traité se trouve aux archives de Venise, dans le recueil intitulé *Libri Pactorum*, lib. I. Il est daté de l'an de l'Hégire 649. Antonio Marin en a publié un extrait, en donnant au document la date de 648, *Storia civile e politica del commercio de' Veneziani*, Vinegia, 1798-1808, tom. IV, page 280-281.

Les importations d'or et d'argent, de perles et de pierres précieuses, faites par des Vénitiens, devaient être exemptes de tous droits. Les achats de blé pour les états de la république furent autorisés et affranchis des gabelles, sauf les cas de disette, où l'exportation était suspendue.

Un article, dont l'objet mérite d'être remarqué, garantissait aux Vénitiens la libre expédition du plomb de toutes les villes des états du sultan. On pourrait se demander si ce métal, qui devait être en abondance dans le Maghreb, puisque le prince ne met aucune limite à sa sortie, y était apporté par les caravanes venant de l'intérieur de l'Afrique, ou bien s'il provenait de mines existantes dans le sol même des provinces septentrionales? Bien qu'il dût se faire en Afrique, au xiiie siècle, des acquisitions de plomb assez importantes pour qu'il en soit particulièrement question dans un traité public, on devrait admettre cette dernière supposition avec d'autant plus de réserve, que ce métal n'entre plus pour rien dans les produits livrés par l'Algérie, ou l'industrie de ses habitants, au commerce extérieur, sous la dénomination de *produits du cru du pays* (1). Cependant les traités postérieurs, arrêtés par les émirs musulmans avec la république de Venise, et notamment le traité de 1260, constatent qu'il s'agit bien ici de plomb du Maghreb et de mines ouvertes sur le territoire même d'Abou Abdallah, entre Tunis, Bougie, Alger et Tlemsen. On sait d'ailleurs que les Italiens, se rendant à Oran et dans les ports du Maroc, exportaient beaucoup de plomb; on peut donc considérer comme un fait certain qu'il existe dans plusieurs parties de l'Algérie des gisements considérables de ce minerai si précieux pour l'industrie. Léon l'Africain et Shaw ont signalé l'existence de dépôts dont l'importance ne peut être encore connue sur les limites occidentales de la province d'Oran et dans les montagnes des Beni Bou Thaleb, à 7 lieues au sud-ouest de Setif; l'étude géologique du pays servira à diriger les exploitations dans une voie plus précise.

Les Florentins, dont le commerce était déjà très-étendu au xiiie siècle, mais qui ne possédaient pas de marine, s'étaient assuré par des traités la faculté d'établir des comptoirs à Pise; de là ils se livraient au commerce maritime, à la faveur des priviléges que leurs voisins avaient dès longtemps obtenu dans les pays étrangers. Ils venaient ainsi, sous pavillon d'emprunt et moyennant certaines contributions, dans les royaumes de Tunis, de Bougie, de Tlemsen, où ils étaient considérés comme Pisans. Vers l'an 1252, le roi de Tunis ayant vu des florins d'or, monnaie nouvellement émise par la république de Florence, voulut connaître un peuple qui frappait de si belles espèces. Un marchand florentin, nommé Péra Balducci, emmené en sa présence, lui parla de la richesse de ses compatriotes, et l'émir déclara aussitôt qu'il leur accordait les priviléges commerciaux et notamment le droit d'avoir une église et un fondouk à Tunis. Les volontés du prince furent maintenues, malgré la jalousie des Pisans, qui, jusque-là, au rapport de Jean Villani, avaient fait passer les Florentins comme des montagnards de leur voisinage faisant chez eux le service de portefaix. On ne sait si le prince régnant alors à Tunis, ou ses successeurs immédiats, garantirent par des traités écrits les faveurs accordées à la commune de Florence; mais il est certain que les Florentins purent dès lors commercer librement dans le royaume de Tunis, et, bien qu'ils aient continué à se servir de navires pisans pour apporter leurs marchandises en Afrique, ils eurent dans le pays des comptoirs particuliers qui appartenaient à leurs plus riches compagnies, telles que les Bardi et les Acciaiuoli. En transportant plus tard, l'an 1356, leurs établissements commerciaux de Pise à Sienne et à Télamone, ils consolidèrent leur indépendance et leurs immunités en Afrique; mais ils n'obtinrent que longtemps après, et à la suite d'événemens que nous rappellerons, la plénitude des priviléges pisans.

L'extension du commerce des villes d'Italie avec le Maghreb du milieu ne nuisait pas en effet à la position privilégiée que les Pisans occupaient toujours dans le pays. Les sujets de la république étaient admis

(1) La matière première des objets métalliques exportés des ports de l'Algérie pour l'Italie, l'Espagne ou les régences barbaresques, paraît être fournie en totalité par l'importation maritime, comme on peut s'en assurer en comparant les comptes rendus du commerce de l'Algérie, insérés dans les tableaux de la situation du pays.

4.

Plomb
du Maghreb.

Origine
des priviléges
des Florentins
en Afrique 1252.

Commerce
des Arabes
chez les Pisans.
Traité
entre la
république
et Abou Abdallah.
1265.

à porter en Afrique toute espèce de marchandises, de les exposer et de les vendre dans toutes les villes, et de s'y approvisionner librement de toutes choses. Les Arabes se liaient d'affaires avec eux; ils s'intéressaient, par leur argent ou leurs fournitures, dans les cargaisons; ils venaient eux-mêmes faire le commerce à Pise et dans les possessions maritimes de la république (1).

Le terme du traité conclu en 1230 étant arrivé, Abou Abdallah et Parent Visconti, ambassadeur pisan, le renouvelèrent à Tunis, le 14 du mois de choual 662 (11 août 1265) (2). Rarement les nations chrétiennes arrêtaient de nouveaux traités avec les princes musulmans sans demander une extension des priviléges qu'ils avaient reçus précédemment. Visconti ne se contenta pas de faire confirmer par l'émir l'entière liberté du commerce pour ses compatriotes, la protection promise aux naufragés, l'inviolabilité et la juridiction des consuls pisans, leur droit de voir le roi au moins une fois par mois pour l'entretenir directement des intérêts ou des plaintés de leurs nationaux, l'assurance pour les marchands pisans d'obtenir immédiatement justice des magistrats indigènes, quand ils auraient quelque contestation avec un Arabe; leur privilége exclusif de construire des magasins, des fours, des bains, des églises, dans toutes les villes du royaume, qu'ils s'y fussent déjà établis ou qu'ils y vinssent pour la première fois; la faculté enfin de réparer leurs fondouks de Bougie et de Bône et d'agrandir celui de Tunis, *de manière à ce qu'il fût pareil à celui des Génois*; Visconti obtint encore du roi l'engagement de traiter comme Pisans et de faire participer aux priviléges des Pisans tous les chrétiens qui viendraient avec eux dans ses états. Par cette habile politique, il rendait tributaire de Pise le commerce de toutes les villes de l'Italie centrale, qui manquaient de marine ou qui n'osaient aventurer leur pavillon trop loin des côtes de la Péninsule. Fidèles à ce système, qu'ils suivirent plus tard dans l'île de Chypre, les Pisans prenaient sur leurs navires les marchands de Sienne, de Lucques, de Pérouse, d'Arezzo, de Pistoia, de Bologne, de Florence même; ils les transportaient en Afrique eux et leurs cargaisons, ils les logeaient dans leurs fondouks, mais leur faisaient payer cher ce patronage, dont ceux-ci, il est vrai, se vengèrent plus tard cruellement. Un article du traité arrêta expressément que l'entrée des entrepôts pisans serait seulement accessible d'après la volonté du consul ou de la nation, et que les Pisans ne pourraient être jamais forcés d'y recevoir les marchandises d'aucun autre peuple chrétien. Abou Abdallah stipula avec Visconti comme il avait arrêté avec Guillelmino Cibo, que le tiers des navires pisans arrivés dans ses états pourrait être requis dans chaque port pour le service des Maghrebins, moyennant une juste indemnité.

Le soin que prenaient les Pisans de suivre et de dominer toujours le développement du commerce des Génois en Afrique se reconnaît dans plusieurs dispositions du traité. Les deux peuples étaient alors au plus fort de la lutte qu'une puissance à peu près égale prolongeait entre eux, sur les mers et dans leurs colonies. Ils n'étaient pas toujours en guerre ouverte, mais leurs intérêts les mettaient en tout temps et partout en opposition et entretenaient leur inimitié. Les Génois, qui avaient encore à étendre leur commerce et leur marine pour arriver au degré de prospérité où les Pisans se maintenaient depuis un siècle, ne reculaient devant aucun moyen pour nuire à leurs rivaux, et, n'osant toujours tenter le sort des armes, ils cherchaient à entraver leurs opérations, soit en indisposant les chefs arabes par leurs rapports contre eux, soit en les empêchant de compléter leurs cargaisons. Abou Abdallah promit d'arrêter leurs menées en Afrique, et déclara que ni les Génois, ni aucune autre nation ne pourrait priver les Pisans du droit qu'ils avaient d'acheter toute espèce de marchandises dans ses états.

Ce privilége illimité pour commercer dans toutes les villes du royaume, privilége qui allait jusqu'à exclure la concurrence des autres Européens dans les lieux où ceux-ci n'ayant pas de factoreries ne pouvaient en établir sans l'assentiment des Pisans, n'était pas accordé gratuitement. Leurs navigateurs payaient 10 p. o/o sur toutes les marchandises qu'ils importaient en Afrique, excepté sur les métaux précieux, soumis seulement au 5 p. o/o, et la république consentit à laisser cette charge sur son commerce, bien

---

(1) *Archivio delle riformagioni* de Florence, document de 1237. *Cartapecore* XXII.
(2) Ce traité a été publié par Tronci, *Memorie storiche di Pisa*, page 215, et par Lünig, *Codex diplomaticus Italiæ*, tome I, page 1067.

que les Génois, les Vénitiens, les Aragonais, les Provençaux, les Siciliens, eussent vu successivement réduire pour eux les tarifs. Mais Parent Visconti obtint d'Abou Abdallah un arrangement qui fut très-avantageux à ses compatriotes, et qui leur valut réellement une diminution des droits, en stipulant que les frais de douanes devraient se prélever seulement sur les marchandises *vendues*, et ne seraient exigibles qu'au départ du marchand pisan pour retourner en Italie, tandis que les autres nations acquittaient les douanes en débarquant dans les ports de l'émir. Quant aux Pisans ou protégés pisans qui voulaient séjourner longtemps en Afrique, ils n'étaient tenus d'acquitter les droits qu'à la troisième année seulement après leur arrivée. On ne s'attendrait pas à trouver, dans un pays où la mauvaise foi et l'avidité sont aujourd'hui les traits les plus marqués du caractère national, des témoignages aussi évidents de la confiance qui regnait alors dans les relations des Arabes avec les chrétiens et des principes aussi favorables à la prospérité du commerce. L'immense développement qu'ont pris de nos jours l'industrie et la concurrence ne permettraient pas aux nations les plus libérales de l'Europe d'accorder chez elles à un peuple étranger les priviléges dont les Pisans jouissaient dans les temps arriérés du moyen âge et au milieu des barbares d'Afrique.

La république de Pise et Abou Abdallah se promirent mutuelle amitié, et s'engagèrent à punir respectivement les attaques que pourraient tenter leurs navigateurs sur les vaisseaux de l'autre peuple ou sur quelque point de ses côtes, soit dans les royaumes de Tunis, de Bougie, de Tripoli et les autres dépendances des états de l'émir, soit dans le territoire continental de la république de Pise ou dans les îles de Sardaigne, de Corse, d'Elbe et de Pianosa, qui lui appartenaient. Afin de donner plus d'authenticité au traité, dont la durée fut fixée à 20 ans, et d'en assurer la fidèle exécution, on convint qu'il serait publié dans les villes principales des deux puissances contractantes.

Une expédition, dans laquelle le roi des Deux-Siciles et le roi de France, son frère, unirent leurs vues politiques et leurs intérêts commerciaux, vint échouer en 1270, par un événement inattendu, sous les murs de Tunis; mais les princes croisés ne quittèrent pas le rivage d'Afrique, après la mort de saint Louis, sans avoir assuré par des traités la liberté réciproque du commerce et de la navigation avec Abou Abdallah. L'émir fut même obligé de rétablir le tribut que ses prédécesseurs payaient au roi de Sicile.

Expédition de saint Louis en Afrique. Les républiques italiennes font renouveler leurs priviléges. 1270.

Les armateurs des républiques italiennes, que l'occasion de butiner trouvait toujours disposés à tenter les événements, n'avaient pas craint, du moins ceux de Venise et de Gênes, d'entrer en coopération dans la croisade de saint Louis, en louant à ce prince, moyennant un droit de nolis, dont ils retirèrent des bénéfices considérables, la plus grande partie des galères qui transportèrent son armée du port d'Aigues-Mortes sur la côte de Tunis. Après la fatale issue de l'expédition, dans laquelle les navigateurs italiens ne prirent pas du reste un rôle actif, ils purent d'autant mieux renouveler la paix et leurs priviléges dans le Maghreb que les traités leur garantissaient, comme on l'a vu, non-seulement la faculté de louer leur navires aux ennemis des émirs musulmans, mais même de les vendre en temps de guerre dans les ports de l'Afrique. Les Vénitiens et les Génois eurent donc la faculté de contracter immédiatement de nouveaux accords avec le roi de Tunis pour rétablir les bonnes relations, et s'assurer encore de sa protection.

Les Vénitiens obtinrent ces résultats par le traité du mois de juin 1271, savel ou choual 669 de l'hégire, dont une transcription authentique existe aux archives de Venise, et les Génois, par le traité du 6 novembre 1272, conservé en expédition originale aux archives de la cour à Turin. Abou Abdallah régnait toujours sur les pays de Tunis, de Bougie, de Bône et d'Alger, et c'est avec lui que les communes d'Italie eurent à traiter. Il est facile de reconnaître, en effet, sous le nom de *Miramamoni-Abo-Abdale Ebnolomera Rasidin*, que les interprètes chrétiens donnent dans les traités au souverain de Tunis, l'*Émir Al-Moumenin* Abou Abdallah. Ce prince, afin de consacrer dans sa famille la souveraineté usurpée par les Abi Hafs, prétendait être le descendant d'Omar, l'un des quatre premiers khalifes auxquels les musulmans sonnites donnent la qualification d'émirs légitimes, et prenait le titre d'*Ebn el-Omera el-Rachedin,* « le fils des émirs légitimes (1). »

La négociation que Jean Dandolo suivit à Tunis au nom du doge de Venise n'avait pas seulement pour objet d'obtenir une reconnaissance des concessions qui avaient été faites aux Vénitiens en Afrique; l'ambassadeur, conformément aux instructions qu'il avait reçues, conclut un traité d'alliance avec le sultan, reposant sur une complète réciprocité de navigation entre les deux états. La république promit que tous les sujets d'Abou Abdallah, venant commercer à Venise ou dans ses autres possessions, y trouveraient liberté et protection; elle s'engagea de plus à venger les torts que pourraient leur occasionner ses nationaux, et à les indemniser des dommages qu'ils auraient soufferts. Par une disposition dont l'esprit nous étonne aujourd'hui, et qui prouve combien l'intérêt commercial avait rapproché les Arabes occidentaux des chrétiens, au moyen âge, malgré les guerres qui les divisaient quelquefois, Abou Abdallah stipula ces conditions, non-seulement pour ses sujets, mais même pour les chrétiens, ses amis ou protégés, allant à Venise. En retour de ces avantages, l'émir garantit la juridiction des consuls vénitiens établis en Afrique, l'irresponsabilité de la nation pour les crimes et les délits des particuliers, conformément au privilége du mois de moharrem 649, qu'il confirma expressément dans toutes ses dispositions. Abdallah permit, en outre, aux Vénitiens de vendre des navires et des agrès dans les ports de ses états, aux mêmes conditions que les Pisans et les Génois; il s'engagea à faire payer au propriétaire le prix de toutes les marchandises vendues par l'intermédiaire des courtiers-interprètes, dans la quinzaine qui suivrait la livraison; il ne prohiba l'importation d'aucune marchandise dans ses états, et permit aux Vénitiens de requérir, en tout temps et en tout lieu, moyennant salaire, le service des bateliers et portefaix indigènes pour les transporter. Il maintint cependant les droits de douanes au taux de 10 pour cent, tarif plus élevé que celui des Génois et aussi fort que celui des Pisans, bien que les Vénitiens n'eussent pas encore en Afrique des priviléges aussi larges que les commerçants des rives de l'Arno. Mais l'émir accorda l'immunité des droits de douane pour une quantité de marchandises égale en valeur au prix du nolis des navires.

Opizon Adalard, ambassadeur chargé de la négociation au nom de la république de Gênes, fit confirmer les franchises du commerce de ses compatriotes en Afrique, dans les limites et aux conditions réglées par les anciens accords, en accédant à une disposition qui autorisait la confiscation totale de l'argent importé par les Génois, si le métal n'était pur de tout alliage. Il stipula, en outre, que les ventes faites dans les états du roi de Tunis par les Génois à d'autres chrétiens ne seraient assujetties à aucun droit; que la douane arabe serait responsable du payement des marchandises vendues devant ses officiers et ses courtiers-interprètes, et que les objets non vendus pourraient être réexportés sans frais, ce qui permettait de les déposer en franchise dans les entrepôts d'Afrique. Il détermina même Abou Abdallah à étendre les droits accordés aux Génois à tous les marchands qui viendraient avec eux en Afrique, à l'exemple de ce que pratiquaient déjà les Pisans, et fit insérer dans le pacte un article particulier qui maintint pour ses compatriotes la faculté de vendre des navires aux ennemis des Maghrebins. Les traités conclus vers ce temps par l'Aragon avec les Abi Hafs constatent d'une manière certaine que le royaume de Tunis comprenait alors, outre la régence de ce nom, les pays de La Calle, Bône, Collo, Djidjeli, Bougie, Dellis, et se prolongeait sur la côte occidentale jusqu'au delà d'Alger et de Cherchel.

Ces renouvellements si facilement accordés, ces franchises garanties et étendues à chaque confirmation, prouvent combien les princes musulmans, jaloux de la prospérité du pays, appréciaient les relations que les chrétiens entretenaient avec leurs sujets; et le traité de 1271 montre particulièrement la sollicitude constante de la république de Venise à rechercher toujours des débouchés nouveaux pour son commerce, aussitôt qu'il était menacé sur quelque point.

---

(1) Voyez le *Tableau de la situation de l'Algérie en 1841,* pag. 405, et les traités de l'Aragon avec le roi de Tunis, publiés par MM. Champollion et Reinaud. In-4°. 1843. Pag. 42.

Au xiiie siècle, l'Italie, presque affranchie de la domination impériale ou rassurée sur ses prétentions par les fédérations de communes, voyait s'accroître chaque jour, malgré les troubles civils, les ressources de son industrie, la force de sa marine marchande, l'importance et le nombre des échanges commerciaux qu'elle faisait avec les différents ports de la Méditerranée. Pise, toujours fidèle aux empereurs, était encore dans un état prospère, mais voyait avec inquiétude le développement extraordinaire que prenaient le commerce et la puissance de Gênes et de Florence; Venise préparait sa grandeur future par une sage administration et des guerres souvent heureuses; l'Italie méridionale et la Sicile, dont le sort avait été un moment compromis par l'invasion des seigneurs français, reprenait une vie nouvelle sous l'administration de ces princes. Dans toutes les villes de l'Italie s'étaient établies des manufactures de laines, de lin, de chanvre; et les produits de l'industrie agricole du pays ne suffisant pas à la consommation, les fabricants employaient encore les provenances de l'étranger. Le lin et le chanvre leur venaient en grande quantité de l'Égypte, de la Syrie et des îles de l'Archipel; les plus considérables approvisionnements de laine leur étaient expédiés par les marchands arabes ou les courtiers chrétiens de Tunis, de Bône, de Bougie, d'Alger. Pise recevait toujours les chargements considérables de cuirs et de peaux que ses facteurs achetaient dans les diverses villes du Maghreb et rassemblaient dans ses ports, d'où se faisaient les expéditions.

L'industrie et le commerce du Maghreb étaient dans une situation non moins prospère. On est accoutumé à juger de l'état de cette contrée, depuis la conquête arabe, par les notions que l'on a de sa triste condition sous le despotisme inepte et barbare de la Turquie; on croit trop communément encore qu'il n'y a eu en Afrique, depuis le viie siècle, que des villes ruinées, des populations opprimées, toujours en armes pour défendre un reste de liberté, et partout les excès d'un fanatisme intolérant et féroce; mais il faut reconnaître que la situation du pays était au moyen âge tout autre qu'elle ne fut sous le règne des ministres de la Porte. Les relations des auteurs qui ont vécu dans ce temps, et qui ont été rendues accessibles à tout le monde par des traductions, celles d'Edrisi, d'Ebn-Batouta, d'Aboulféda, montrent, comme les autres documents originaux, que l'Afrique musulmane a eu d'aussi longues périodes de calme, de tranquillité et de prospérité qu'aucun des pays les plus florissants de l'Europe du moyen âge. La puissance souveraine y maintenait l'ordre et la sécurité plus efficacement que dans la société féodale; les voies de communications étaient sûres, l'industrie agricole et manufacturière encouragée; il y avait, dans toutes les villes importantes de l'intérieur, à Constantine, à Biskra, à Setif, à Milah, à Miliana, à Tlemsen, comme dans les villes de la côte, des foires, des magasins, des bazars fréquentés; on voyait partout l'activité d'un commerce lucratif qui, trouvant ses premiers éléments dans les produits du sol, se développait à mesure que les établissements européens se multipliaient dans le pays.

Les Abi Hafs, souverains de Tunis et de la plus grande partie de l'Algérie actuelle, étaient une dynastie d'origine indigène; ils n'avaient pas, comme les Turcs, à veiller sans cesse, pour maintenir leur domination par la guerre et les supplices, sur une population vaincue; ils pouvaient s'occuper avec plus de suite des mesures qui l'intéressaient et qui devaient accroître sa fortune. Les autres princes d'Afrique, délivrés comme eux du joug des Almohades d'Espagne et des prétentions des Beni Merin du Maroc, cherchèrent à entretenir des relations pacifiques et commerciales avec les princes chrétiens de l'Europe; les émirs musulmans voulurent même s'assurer l'amitié du saint-siége, du moins pendant les croisades. Ils permirent en effet aux commerçants chrétiens qui venaient dans leurs états, non-seulement d'y construire des églises et de se livrer publiquement à l'exercice de leur culte, ainsi qu'on le voit par le traité de 1271, conclu avec les rois de France et de Sicile (1), mais encore ils autorisèrent l'établissement de couvents et d'ordres monastiques dans leurs états. Ces faits sont constatés par les bulles pontificales qui accordent divers priviléges aux religieux *fixés* dans les royaumes de Tunis, de Bougie, de Tlemsen, de Maroc, et qui nous apprennent que ces religieux étaient des frères cordeliers et des frères dominicains ou prêcheurs; circonstance remarquable : car, si elle ne prouve pas la liberté de prédication de l'Évangile au milieu des Arabes au xiiie siècle,

Monastères en Afrique.

---

(1) Voyez le *Tableau de la situation de l'Algérie en 1840*, page 413.

elle atteste au moins que le ministère de la parole évangélique avait à s'exercer sur un nombre considérable de chrétiens demeurant en Afrique (1).

Prospérité
de Tlemsen.

A l'ouest des pays qui forment aujourd'hui l'Algérie, la ville de Tlemsen, et le territoire qui en dépendait, avait contribué puissamment à l'essor général de l'industrie et de la fortune du nord de l'Afrique. Longtemps soumise aux Almohades, dont elle était une des plus florissantes cités, Tlemsen, confiante dans les forces et les richesses acquises par un commerce fort étendu, avait enfin proclamé son affranchissement, et s'était constitué en royaume indépendant, sous le gouverneur Iaghmour Essen ben Zian, qui fut son premier souverain, l'an 645 de l'hégire (1247 de J. C.). Les pays de Fez et de Maroc avaient échappé aussi aux Almohades, dont la puissance s'affaiblissait chaque jour en Espagne, et les guerres que les Beni Merin, nouveaux maîtres indépendants du Maghreb de l'ouest, entreprirent contre les successeurs de Ben Zian pour les soumettre, n'avaient servi qu'à augmenter la prospérité de Tlemsen, qui s'était entourée de hautes fortifications, et avait vu s'établir, sous la protection de ses murs, une foule de tribus, auparavant errantes dans la campagne. Une colonie chrétienne, principalement composée de Catalans et d'Aragonais, mais qui comptait aussi dans son sein plusieurs familles françaises et italiennes, avait obtenu la faculté de se fixer dans la ville, où elle possédait des maisons, des magasins, des bains, des églises, et contribuait au riche commerce que Tlemsen entretenait alors, par les ports d'Oran et de Mers el-Kebir, avec toutes les villes importantes du littoral de la Méditerranée.

Accroissement
du commerce
de Gênes
et des
villes voisines
en Afrique.

La diminution des droits de douane, que la république de Gênes avait obtenue d'Abou Abdallah dès l'année 1236, et que le traité de 1272 respecta, attira dans les ports du Maghreb les navigateurs génois et les marchands des villes des deux rivières, que protégeait son pavillon, comme Vintimille, Oneglia, Albenga, Noli, Savone, Chiavari, Spezia.

La quantité de denrées et de marchandises apportées en Italie, par les Génois, de Tunis, de Bougie, de Bône, d'Alger, était devenue si considérable, que, dès l'année 1253, la république avait créé dans le port de Gênes un office spécial pour la perception des droits sur les provenances du royaume de Tunis.

Ce commerce n'était pas exempt d'entraves, et souvent même de dangers. Quel que fût l'intérêt des Arabes d'Afrique d'entretenir des relations avec les Italiens, et bien qu'ils se soient montrés favorablement disposés à leur égard, au moyen âge, la différence de religion perpétuait des antipathies profondes entre les deux nations, et laissait toujours quelques sentiments de méfiance et quelque haine de part et d'autre. L'on ne doit pas douter, malgré le silence des chroniqueurs, que les chrétiens n'eussent souvent des querelles, soit avec les marchands arabes, soit avec les agents du fisc, dont les suites durent occasionner plus d'une fois des agressions violentes. On voit, par exemple, dans un acte conservé aux archives royales de Turin (2), que plusieurs navires génois, se trouvant dans le port de Tunis, vers l'an 1286, y éprouvèrent des dommages notables de la part des musulmans; mais le roi, désireux de vivre en paix avec la république ligurienne, indemnisa immédiatement les commerçants qui avaient éprouvé des pertes. Dans le nombre se trouvait un marchand de Savone et la compagnie des associés de Pascal Uso di Mare, membre de l'illustre famille qui fournit plusieurs doges à l'État. Le montant des réclamations ne s'élevait pas à moins de 63,616 besants, somme qui répondrait à peu près en valeur absolue, à celle de 600,000 fr. de notre monnaie actuelle, s'il s'agit ici, comme nous le croyons, de besants d'or. Il n'est pas possible d'évaluer d'après cette seule indication l'ensemble des capitaux engagés par le commerce de Gênes et des villes dépendantes du territoire de la république dans les affaires d'Afrique; on peut, toutefois, en reconnaître l'importance, car la somme totale des 63,616 besants était réclamée seulement par neuf maisons de commerce.

(1) Wadding et Brémond ont publié plusieurs bulles concernant les églises et les chrétiens d'Afrique au moyen âge. L'auteur de cette notice a extrait, en outre, des registres pontificaux, conservés aux archives du Vatican, un bref inédit de Nicolas IV, du 5 des ides de fevrier 1290, adressé *aux nobles hommes, les barons, chevaliers et autres hommes d'armes chrétiens engagés au service des rois de Maroc, de Tunis, de Tremecen,* ou Tlemsen. Nicol. P. P. Ann. 11. Ep. 845.

2 *Trattati diversi, mazzo 14*. Document du 9 juin 1287.

Le royaume de Tlemsen avait toujours à défendre son indépendance contre les attaques des Abi Hafs de Tunis et des Beni Merin du Maroc; mais la guerre, en assurant la défense de la capitale, et développant le caractère énergique de sa population, contribua au maintien de la liberté et des richesses, qu'elle avait laborieusement acquises. Une sage administration tendait à les développer encore, en favorisant les communications des chrétiens avec les indigènes. Les Aragonais, les Castillans, les Portugais, se rendaient en grand nombre dans les ports et les marchés principaux du pays, et les Italiens, quoique adonnés plus particulièrement au commerce de l'est, s'y trouvaient aussi. Les Vénitiens paraissent avoir été ceux qui les fréquentèrent le plus habituellement et en plus grand nombre, dès la fin du xiiie siècle, dans le cours de leurs navigations, qu'ils prolongeaient, après avoir quitté l'Afrique, le long des côtes du Portugal, de la France, de l'Angleterre, de la Flandre et vers les contrées septentrionales. Ils avaient établi des dépôts de marchandises à Oran, à Tlemsen et dans le Maroc; ils venaient régulièrement aux foires de tous ces pays; ils y versaient des quantités considérables d'acier, de verroteries, d'étoffes légères, et en rapportaient de la poudre d'or, de l'ivoire, du musc, de la civette, de l'indigo, et des esclaves, branche de commerce dont il se faisait un grand trafic sur la Méditerranée.

Venise trouvait dans les campagnes et les ports de l'Istrie, de la Dalmatie, des îles Ioniennes, de la Morée, de l'Archipel et de l'île de Crète, qui lui appartenaient en grande partie, ou qui lui livraient en franchise toutes les richesses de leur sol, des ressources inépuisables pour son commerce d'exportation, et la facilité d'entretenir en même temps des flottes nombreuses, montées par une armée de matelots formés dès leur enfance aux pratiques et aux fatigues de la navigation.

Pendant que les guerres des maisons d'Anjou et d'Aragon empêchaient l'Italie méridionale de jouir de tous les avantages que l'heureuse situation de Palerme, de Messine, de Catane, de Syracuse, de Trapani, de Cephalu, de Naples, et des autres ports du continent offrait à son industrie maritime, Pise et Gênes déployaient dans l'intervalle de leurs guerres toute l'énergie de leur activité : Pise pour conserver sa fortune commerciale, Gênes dans l'espérance de surpasser et d'écraser sa rivale. La Sardaigne fournissait du minerai d'argent aux Pisans; l'île d'Elbe leur donnait des approvisionnements de fer, d'autant plus importants que la Suède n'envoyait pas encore ses métaux dans la Méditerranée. Les armateurs de l'Arno faisaient ainsi d'immenses bénéfices en transportant le fer dans le Maghreb, n'osant braver toujours les défenses apostoliques, qui avaient interdit l'exportation des armes, des métaux et du bois en Égypte et en Syrie durant les guerres saintes. Gênes, jalouse de cette industrie, déclara la guerre aux Pisans, et ne consentit à la paix qu'après avoir obtenu la franchise des douanes dans l'île d'Elbe, et la cession de Sassari avec son port de Torrès en Sardaigne. Ces succès ne firent qu'enflammer son ambition; elle recommença bientôt la guerre avec plus d'acharnement, et la bataille de la Meloria, suivie peu après du pillage du port pisan à l'embouchure de l'Arno, et de la perte de l'île d'Elbe, en portant un coup funeste à la marine de Pise, vint en quelques années, précipiter la république vers sa décadence, et affermir la fortune grandissante de sa rivale.

La république de Pise n'était pas seulement une puissance maritime; son attachement inébranlable à Frédéric II, à Conrad, à Mainfroy, à Conradin, et plus tard aux empereurs d'Allemagne, héritiers des prétentions des Hohenstaufen sur la Sicile, l'avaient mise à la tête du parti gibelin en Italie, et lui avait donné une influence considérable dans la politique intérieure de la péninsule. Mais les guerres incessantes qu'elle fut obligée de soutenir sur le continent épuisèrent ses forces, et arrêtèrent le développement de sa puissance. Devenue trop faible pour tenter de recouvrer sa supériorité, pendant les guerres des Génois avec les Vénitiens, et les séditions qui troublèrent si fréquemment la république ligurienne, Pise se vit peu à peu dépouillée de ses possessions lointaines; elle cessa de dominer à Constantinople et dans l'archipel, ou Venise et Gênes la supplantèrent; elle ne put, comme ses rivales, obtenir des sultans d'Égypte le rétablissement de ses comptoirs dans la Syrie, après la destruction du royaume de Jérusalem ; elle perdit le commerce du royaume de Naples, d'où la maison d'Anjou éloigna ses marchands en haine du nom gibelin ; elle ne put soutenir la concurrence des Catalans et des Siciliens eux-mêmes dans l'île de Sicile, passée à la maison d'Aragon depuis le soulèvement de 1282 ; et, bientôt réduite par la succession rapide de toutes ces calamités au rang des états secondaires de l'Italie, elle n'eut pour conserver les débris de sa fortune et de sa marine que le commerce d'Afrique, de la Corse et de la Sardaigne. Ces deux îles, depuis longtemps conquises par les Pisans, étaient devenues pour eux de riches colonies, et les fortifications qu'ils avaient élevées autour de leurs principales villes avaient assuré jusque-là la défense du pays contre les ennemis du dehors, en maintenant les seigneurs feudataires dans la soumission. Mais, au xɪv siècle, la noblesse, séduite par l'espoir de reconquérir son indépendance, ou trompée par la politique de l'Aragon, appela dans l'île les troupes du roi Alphonse. Vainement les Pisans, un moment alliés aux Génois, qui se trouvaient intéressés à protéger aussi leurs entrepôts de Sardaigne, essayèrent-ils de reprendre le dessus dans le pays livré aux Aragonais ; ils furent partout battus, et obligés de demander enfin la paix, qui consacra pour eux l'anéantissement de leurs établissements sardes.

Malgré tous ces malheurs, malgré la perte de ses possessions maritimes, à l'exception de la Corse, malgré la destruction successive de deux flottes, on ne voit pas que le commerce de Pise avec le Maghreb se soit ralenti un moment. Les relations et les intérêts des Pisans étaient trop fortement engagés avec ceux des marchands de Tripoli, de Tunis, de Bougie, de Bône, d'Alger, pour que les événements d'Italie les eussent encore sensiblement altérés ; et c'est dans le temps de ses guerres les plus funestes que la république de Pise renouvelle avec les princes arabes les pactes de son alliance et les priviléges qui assuraient pour longtemps la prospérité de son commerce dans leur pays (1).

Le Maghreb avait, comme l'Italie, ses troubles et ses révolutions. A la mort d'Abou Abdallah, dont le long règne avait comprimé l'ambition des grands, de terribles dissensions éclatèrent dans la famille royale. Ces discordes, dont nous n'avons pas à rappeler ici les vicissitudes, furent envenimées et quelquefois renouvelées par l'intervention de la maison d'Aragon, qui, se considérant comme suzeraine du royaume de Tunis, en vertu des droits de la couronne de Sicile, voulait soumettre le Maghreb entier aux familles indigènes, dont les chefs s'étaient assuré secrètement son appui. Mais le parti des Aragonais et des Siciliens ne put jamais établir un gouvernement stable dans le Maghreb. Les luttes, les invasions, les triomphes suivis bientôt de défaites qui se prolongèrent pendant un demi-siècle, en réunissant quelquefois sous la même autorité les pays du Maroc et de l'Espagne, de Tripoli, de Tunis, de Constantine, de Bône, de Bougie et de Tlemsen, ou leur rendant l'indépendance, eurent enfin pour résultat la réunion définitive du royaume de Tlemsen au royaume de Maroc, sous la domination des Beni Merin, vers l'an 1337, et l'établissement d'une dynastie libre de toute sujétion dans le royaume de Bougie. Cette famille, issue de la souche des Abi Hafs de Tunis, régna dans l'ancienne capitale des Beni Hamad pendant toute la durée du xv siècle et jusqu'aux premières années du xvi, où les Espagnols firent la conquête de Bougie.

Par un contraste qui n'est pas sans exemple dans l'histoire, c'est à l'époque où les divisions politiques agitaient le plus violemment le Maghreb que le commerce atteignit dans ce pays le plus haut point de développement et de prospérité. Les Pisans, les Vénitiens et les autres peuples d'Italie qui naviguaient sous leurs pavillons faisaient le commerce d'exportation et d'importation entre l'Afrique et l'Italie. Ils avaient établi des comptoirs dans les principales villes ; ils s'y étaient fixés en grand nombre, et s'y livraient à un commerce considérable, soit pour eux-mêmes, soit pour les maisons d'Italie qu'ils représentaient (2).

Gênes avait toujours des consuls dans les royaumes de Tunis, de Bougie et de Tlemsen ; Palerme,

---

(1) Traité de 1315. Florence, *Arch. delle Riformagioni*, *Cartapecore*. Reg. xxɪɪ.

(2) Les familles vénitiennes de Soranzo, Pizarro et Marin entretenaient notamment des facteurs dans les États du roi de Tunis.

Messine, Castello di Castro, Sienne, Florence, Ancône, Gaëte, Naples, étaient en relations non inter-rompues avec ces états, ainsi qu'on peut en juger par les chroniques du temps, les voyages de Raymond Lulle, et surtout par l'ouvrage que Balducci Pegolotti, marchand florentin, écrivit vers le milieu du xiv° siècle, et qui est parvenu jusqu'à nous (1).

Ces rapports continus, qui duraient déjà depuis plus d'un siècle, en soumettant les préjugés que pouvait susciter la différence de religion, avaient établi entre les deux peuples une tolérance et une sé-curité que n'ont pas connues les commerçants chrétiens sous la domination des Turcs, et qui nous semblent aujourd'hui si éloignées des idées de la population arabe. Les relations des chrétiens et des musulmans devinrent encore plus intimes au xiv° siècle, où l'on vit des Européens investis des pleins pouvoirs des princes arabes pour négocier en leur nom (2). Des documents positifs prouvent, en effet, que les Pisans et les Vénitiens prenaient part, comme les indigènes, au commerce intérieur, et quelquefois au gouverne-ment du pays. Ils affermaient la perception des gabelles et en faisaient compte au roi (3); ils avaient le droit de transporter, d'exposer et de vendre à l'enchère leurs marchandises dans toutes les villes du Mag-hreb; ils pouvaient librement parcourir le pays sous la protection du roi; ils avaient des courriers qui leur servaient à entretenir une correspondance entre les différentes villes où se trouvaient leurs entrepôts. Les marchands chrétiens, en nombre infiniment moins considérable que les Arabes, jouissaient donc de la plus grande sûreté au milieu d'eux, puisque leurs messagers pouvaient, sans dangers, traverser tout le Maghreb.

Les Vénitiens et les Pisans avaient enfin obtenu la faculté de faire des caravanes en Afrique, et il était passé d'abord dans les usages du pays et ensuite dans les traités, qu'en toutes les stations de leur route, ils auraient le droit de faire paître au moins pendant trois jours les animaux qu'ils conduisaient. Les traités, datés du mois de sefer 717, ou du 12 mai 1317 de J. C. (4), 22 décembre 1320 (5), 17 des calendes de juin (16 mai) 1354 (6), et 28 rabié 759 ou 7 avril 1358 (7), conclus par les républiques de Venise et de Pise avec les différents princes du Maghreb du milieu, assurèrent ces priviléges aux commerçants de leurs états et à leurs protégés, en renouvelant les dispositions des anciens pactes, sous le droit ordinaire de 10 pour 100.

Cette liberté laissée et garantie au commerce des chrétiens, qui nous reporte à un état de choses si dif-férent de celui qui existait encore il y a peu d'années en Afrique, permettait aux Pisans et aux Vénitiens

Caravanes
de
marchands italiens,
en Afrique.
Nouveaux traités
des Pisans
et des Vénitiens.
1317 - 1358.

(1) Les archives Ricasoli, à Florence, celles de M. le comte Alliata et de M. le chevalier Roncioni, à Pise, renferment plusieurs docu-ments qui constatent la fréquence des rapports commerciaux de la Toscane avec l'Afrique, au xiv° et au xv° siècle. Ces documents seront publiés la plupart par un savant professeur de l'université de Pise, M. François Bonaini.

(2) Divers traités conclus par les rois de Tunis et d'Aragon furent négociés par des marchands chrétiens, au nom des Arabes.

(3) Les droits imposés sur le vin porté à Tunis donnaient, au commencement du xiv° siècle, un revenu assez fort pour que le roi trouvât à en affermer la perception au prix de 34,000 besants par an. Document de 1289 - 1311, extrait des archives de Venise, et publié par Marin, *Storia civile e politica del commercio de' Veniziani*, tome VI, p. 322 - 331.

(4) Ce traité fut négocié au nom de la république de Venise par Michelet Michel, ambassadeur du doge Jean Soranzo. On remarque parmi les témoins qui assistèrent à la conclusion, le consul des Génois, le consul des Catalans, le consul de l'île de Majorque, le consul de Sicile, divers prêtres et religieux de l'ordre des Mineurs. Archives de Venise. *Libr. Pactorum*. III, fol. 127-130. Marin en a donné un extrait, *Storia del commercio de' Veneziani*, tome VI, p. 332.

(5) Négocié et conclu à Tunis par les soins de Michel Dolfin, ambassadeur du doge de Venise. Archives, *Libr. Pactorum*, IV, fol. 85. Marin en a donné une analyse, tome IV, p. 287.

(6) Traité entre la république de Pise et le roi de Tunis, négocié par Renier Porcellin. Un des originaux se trouve à Florence, aux ar-chives *delle Riformagioni, Cartapecore*, reg. xxii.

(7) Traité négocié par Pierre de la Barbe, au nom de la république de Pise, avec Abou Abdallah, « roi de Fez, de Méquinez, de Maroc, de Salé, de Tlemsen, d'Alger, de Bougie et de Constantine, des provinces de Bône et de Biskra, des pays d'Afrique, de Tri-poli, etc., de Ceuta et de l'Espagne. » Archives de MM. Schippisi de Pise, *Code diplomatique de Navarette*. On a vainement cherché l'ori-ginal de ce traité, tant à Pise qu'à Florence, et il est nécessaire de rappeler que le manuscrit Navarette, compilation moderne, citée par Fanucci, est une source très-suspecte.

de s'avancer dans l'intérieur du pays, de communiquer avec les caravanes musulmanes qui, partant du Maroc, traversaient le Maghreb et se rendaient en Égypte, en Abyssinie et à la Mecque, ou, quittant la route de l'est, pénétraient dans le pays des nègres de l'Afrique centrale. Les marchands italiens suivaient-ils les caravanes dans toutes ces directions? Quels étaient les pays jusqu'où ils s'avançaient? Allaient-ils acheter la poudre d'or, les plumes d'autruche, l'ivoire et les esclaves du Soudan? ou cherchaient-ils de préférence les gommes, les parfums, l'ambre et les autres productions venant des régions du Nil? On ne pourrait faire que des conjectures à ce sujet.

Seigneurs chrétiens au service des rois du Maghreb. Le droit de former ainsi des caravanes dans le Maghreb ou de s'adjoindre à celles des indigènes est l'indice le plus certain du rapprochement que les relations commerciales avaient amené entre les Européens et les Sarrasins d'Afrique; mais il est un fait non moins frappant, qui nous montre jusqu'à quel point l'alliance et les communications avec les chrétiens étaient entrées dans les idées des Arabes avant la conquête des Turcs, et combien l'on doit espérer de surmonter avec le temps les difficultés rencontrées de nos jours dans les préjugés des indigènes : c'est l'admission dans les rangs de la milice et des officiers de la cour des rois du Maghreb, d'hommes d'armes et de seigneurs européens. Cette circonstance est attestée par les témoignages les plus certains. Le continuateur de Nicolas de Jamsilla parle, dans sa chronique sicilienne, de 400 hommes d'armes toscans, de 200 espagnols et de 200 allemands qu'entretenait le roi de Tunis, à la fin du xiii⁰ siècle; un bref inédit de Nicolas IV, qui existe aux archives du Vatican (1), nous apprend qu'il y avait en effet habituellement des hommes d'armes et même des seigneurs chrétiens au service des rois de Tunis, de Maroc et de Tlemsen. Le pape en leur écrivant, le 5 des ides de février 1290, les engage à rester fidèles aux princes arabes, mais à faire respecter toujours le nom chrétien. Les seigneurs des rives de l'Adriatique prenaient aussi volontiers de hautes charges à la cour des princes de Maghreb, comme on le voit par par un document des archives de Venise, concernant un noble vénitien qui, après être demeuré quarante-quatre mois au service du roi de Tunis, avec ses domestiques, ses chevaux, ses hommes d'armes, et avoir fait pendant ce temps de grandes dépenses, dont l'honneur devait surtout revenir au prince, n'en avait pas reçu la solde qui lui avait été promise (2). Dans les traités du xiv⁰ siècle, il est encore question de seigneurs chrétiens demeurant auprès des émirs d'Afrique.

Il est douteux que les Pisans fussent en grand nombre parmi les 400 hommes d'armes toscans de l'armée tunisienne ; ceux qui n'étaient pas exclusivement adonnés au commerce étaient retenus en Italie par les dernières luttes où la puissance de la nation achevait de se perdre, dans la guerre implacable que la coalition des villes guelfes entretenait contre son indépendance.

Commerce des indigènes au xiv⁰ siècle. Les Arabes profitèrent, de leur côté, du développement qu'avaient pris le commerce et les rapports avec les Européens. Durant le xii⁰ et le xiii⁰ siècle, ils s'étaient liés d'affaires avec les marchands chrétiens; ils les avaient favorablement accueillis sur leurs terres; ils avaient acheté leurs marchandises et leur avaient vendu leurs produits; beaucoup d'entre eux faisaient même le voyage d'Europe, et Pise était citée, dès le xii⁰ siècle, pour le grand nombre de marchands africains qui fréquentaient ses marchés. Au xiv⁰ et au xv⁰ siècle, la part que les Maghrebins prirent directement au commerce d'Europe fut plus importante encore. Chaque année des navigateurs arabes de Tunis, de Bougie, de Bône, de Collo, d'Oran, embarquaient pour leur compte les marchandises du pays, et les allaient vendre sur les côtes d'Espagne, de France ou d'Italie, en Sardaigne, en Corse, en Sicile, à Gênes, à Pise, à Télamone, devenu l'entrepôt des marchands de Sienne et de Florence, à Gaëte, à Naples, à Ancône, à Venise, à Raguse, et rapportaient de ces villes de grandes quantités d'étoffes et d'objets fabriqués dans les manufactures de la Péninsule.

(1) Document de 1290, cité précédemment.
(2) Document de 1289-1311, cité précédemment.

La ville de Bougie, signalée par Fazio degl' Uberti, auteur florentin du xɪvᵉ siècle, comme l'une des cités les plus florissantes de la Barbarie, avait surtout un commerce considérable et étendu. Ses marchands étaient en relations avec tous les ports de la Méditerranée, non-seulement avec l'Italie, la France, l'Espagne, mais avec l'Asie mineure, la Morée, Constantinople, l'île de Chypre, la Syrie et l'Égypte. Les marchandises que leur ville livrait à l'exportation, comme Bône et Tunis, étaient surtout des cotons bruts, du lin, de la soie, des laines, des cuirs, de la cire, du corail, des métaux, des caroubes, des noix, du blé, des épiceries et des écorces à tan. Ce dernier article, provenant des forêts de la province de Constantine, bien plus riches dans ce temps qu'elles ne sont aujourd'hui, avait des qualités si bien reconnues, et s'exportait en si grande quantité de Bougie, qu'il était connu dans toute la Méditerranée sous le nom d'*iscorza di Buggiea*, comme on le voit dans plusieurs états de marchandises et de douanes italiennes du xɪvᵉ siècle. Cette écorce est probablement l'enveloppe du *sumac thezera*, employée dans la préparation et la teinture en rouge des cuirs maroquins. L'arbuste qui la donne se trouve dans la province d'Oran, mais il paraît fort rare aujourd'hui dans l'est de l'Algérie (1), et l'on doit désirer qu'il y soit propagé, car l'industrie trouvera des bénéfices certains dans l'emploi ou l'exportation de ses produits.

Bougie et Tunis étaient, après Alexandrie, les villes d'Afrique où se trouvaient le plus grand nombre de marchands venant de l'Italie, de la France et de l'Espagne. Les relations des chrétiens s'étendaient cependant sur toute la côte méridionale de la Méditerranée. En même temps que les armateurs des villes maritimes d'Europe dirigeaient des cargaisons vers les provinces du Maroc, ils envoyaient des navires dans les pays de l'est : à Tripoli, dont Fazio atteste la richesse, à Gerbah, renommée parmi les Orientaux pour ses beaux jardins et ses plants d'oliviers. « Gerbah, dit un auteur de ces temps, est une île qui se trouve au milieu de la Barbarie, puisque, si vous calculez bien, il y a autant de distance de Gerbah à Ceuta que de Gerbah à Alexandrie. Elle est si rapprochée du continent que si le détroit n'était fortifié et défendu, il pourrait y passer cent mille hommes à cheval et autant à pied, sans que les cavaliers eussent de l'eau à hauteur des sangles des chevaux. Aussi faut-il que tout homme qui aura à commander à Gerbah ait un esprit sûr et ferme. » Malgré l'ardeur belliqueuse qui la distinguait, la population de l'île ne put jamais assurer son indépendance, et Gerbah fut subjuguée tour à tour par les rois de Sicile, les Aragonais, les Génois, les rois de Tunis et de Tripoli. Elle obéissait à l'émir de Tunis quand ses habitants, effrayés des ravages que Roger Doria, amiral de la couronne d'Aragon, avait occasionnés sur leurs côtes, vinrent trouver leur souverain, le suppliant de les dégager de leur foi et de les autoriser à se soumettre au roi d'Aragon, pour ne pas voir leur île dépeuplée. L'émir, n'osant les défendre, acquiesça à leur demande, et les habitants de Gerbah, en adressant un message à Pierre III, firent leur soumission à Don Roger, son lieutenant. « L'amiral, dit Ramon Muntaner, fit élever à Gerbah un beau fort qui s'est tenu, se tient et se tiendra avec plus de gloire pour les chrétiens qu'aucun autre château du monde. » Sa défense faiblit cependant par le contre-coup des guerres des Génois contre les Catalans, et Gerbah, occupée quelque temps par les Génois, rentra ensuite sous la domination musulmane.

Les marchands européens fréquentaient dès longtemps son port. Quand l'île était occupée par une puissance chrétienne, il leur était facile de s'y rendre; quand elle dépendait des rois de Tunis, les traités conclus avec ces princes suffisaient pour les faire admettre soit à Gerbah, soit à Tripoli, aux mêmes conditions que dans les autres provinces de leurs états. Le traité des Génois en 1236, celui des Vénitiens en 1251, celui des Pisans en 1265, constatent ces faits. Lorsque Tripoli, dont l'île de Gerbah suivit alors le sort, devint indépendant, les chrétiens sollicitèrent de ses souverains la garantie de leurs privilèges commerciaux. Mansus-Mansi, citoyen pisan attaché à la cour du prince de Tripoli, fut le médiateur du pacte qui assura ainsi aux Vénitiens le droit d'avoir des consuls, des églises et des fondouks dans tous les états de l'émir, nommé *Ameth Bénichin*, et qualifié de *Seigneur de Caps* (aujourd'hui Kabès ou Gafza), de *Facx* (aujourd'hui

Commerce étendu
de la ville
de Bougie.

Commerce avec
Tripoli et l'île de
Gerbah.

---

(1) Voyez le *Tableau de la situation de l'Algérie en 1841*, p. 258, 260, 265, 270.

Sfax), *des îles de Gerbah et Kerkeni, de Tripoli et de toutes ses dépendances.* Le traité fut conclu à Tripoli le 9 juin 1356 de J.-C. ou 757 de l'hégire, en présence de Jean Foscari, Étienne Quirini et autres Vénitiens (1). On voit par ces dispositions que les Italiens exportaient principalement, des contrées ci-dessus désignées, du sel, des laines, des maroquins, des peaux d'agneaux, des cuirs de bœufs et de chameaux, de l'huile, des dattes, des pistaches, des tapis, des boucrans et quelques autres étoffes fabriquées dans le pays même.

Les dispositions bienveillantes des princes et de la population du Maghreb à l'égard des chrétiens, particulièrement à l'égard des Pisans, ne pouvaient prévenir les contestations et les querelles que l'intérêt suscitait souvent entre les particuliers. A une époque qu'il est difficile de préciser et à l'occasion de quelques événements dont on connaît peu le caractère, les plaintes réciproques des marchands pisans et arabes étaient devenues plus vives, une rupture entre les deux peuples était presque imminente. Il paraît même qu'il y eut de part et d'autre un commencement d'hostilités; mais les relations commerciales ne furent pas suspendues, et l'on ignorerait qu'elles eussent été un moment compromises, si la procuration donnée en 1379 par les syndics de la république de Pise, à un chevalier pisan chargé de se rendre à Bougie, à Bône et à Tunis pour traiter de la paix avec les émirs musulmans, n'existait encore aux archives de Florence. L'alliance fut renouvelée, et la nation pisane réintégrée ou confirmée dans la jouissance des priviléges commerciaux qu'elle avait depuis trois siècles en Afrique (2).

Cependant l'affaiblissement de Pise mettait partout en présence les intérêts et les forces de Gênes et de Venise. Les deux républiques, dans tout le développement de leur puissance, luttaient encore à forces égales et se partageaient les succès et les revers. Gênes eut même quelque temps l'avantage, quand, maîtresse du commerce de la mer Noire et de l'île de Chypre, elle envoya ses escadres bloquer les lagunes de Venise. Mais le traité signé à Turin, en 1381, pour mettre fin à la guerre de Chiozza, en rouvrant le Bosphore aux Vénitiens, assura la longue prospérité de leur commerce sur la Méditerranée, pendant que Gênes, déchirée par les factions, vit chaque jour décliner sa fortune et sa puissance. Les Vénitiens usèrent alors avec plus de suite et de bonheur, contre les Génois, de la même tactique que ceux-ci avaient employée contre les Pisans. Établis à Beyrouth, d'où ils neutralisaient l'importance commerciale de leur colonie de Famagouste; maîtres de l'île de Crète et des meilleures positions de la Morée, qui nuisaient aux établissements génois de Chio et de l'Archipel; jouissant en Égypte et sur toute la côte d'Afrique de priviléges extrêmement avantageux, ils dominèrent bientôt sur tous les points le commerce des Génois.

La rareté des documents historiques sur le commerce de l'Afrique ne permet pas de savoir d'une manière certaine quel fut l'effet des menées secrètes des Vénitiens auprès des émirs musulmans du Maghreb, mais on ne peut douter que la faveur et l'influence marquée des Vénitiens à Tunis et à Bougie n'ait eu pour résultat de diminuer sensiblement le crédit et le commerce des Génois en Afrique. Il est difficile de croire que la république ligurienne ait alors conservé le privilége du 5 p. o/o que lui avaient donné les anciens traités, et qu'elle n'ait vu élever au moins au droit de 10 p. o/o, payé par les Pisans et les Vénitiens, les tarifs des douanes arabes. D'autres mesures durent marquer encore les nouvelles dispositions des princes sarrasins à l'égard des Génois, et la république, qui veillait toujours à la prospérité de son commerce maritime, malgré ses dissensions, en fut réduite à faire la guerre aux émirs du Maghreb. Ses galères firent quelques prises heureuses sur leurs bâtiments; l'île de Djerra ou de Gerbah, dépendante tour à tour du royaume de Tunis et du royaume de Tripoli, fut prise et pillée en 1388, comme Tripoli l'avait été en 1355; mais Gênes ne put conserver aucun avantage durable de ces diverses expéditions. Les incursions des Maghrebins sur ses navires marchands et sur les villes de ses rivières, qu'elle ne put toujours défendre, lui firent même éprouver des pertes considérables que ne balançaient pas ses succès. N'osant entreprendre seule une attaque contre le royaume de Tunis, elle demanda et obtint l'as-

(1) Archives de Venise, *Commemorial, lib* v.

(2) *Archiv. delle Riformagioni,* cartapecore XXII.

sistance d'un corps de seigneurs français, dont le duc de Bourbon, oncle du roi Charles VI, prit le commandement. Cette fédération, à laquelle les Génois voulurent donner le caractère d'une croisade nouvelle, ne fut pas plus heureuse que la tentative de Saint-Louis. L'armée, espérant se rendre d'abord maîtresse d'une position considérée comme la clef du royaume de Tunis, sur la côte orientale, vint mettre le siége devant la forte cité d'*Africa*, ville encore importante de nos jours sous le nom d'*Al-Madhya*, et d'où partaient, suivant les expressions d'un auteur du temps, « de nombreux vaisseaux pour tous les pays « du monde ». Mais la place, défendue par les Arabes de Bougie, de Bône, de Constantine et des autres pays du Maghreb, venus au secours des Tunisiens, résista à toutes les attaques, et les alliés, que les mésintelligences n'avaient pas tardé à diviser, furent obligés de reprendre la mer après soixante et un jours de combats infructueux.

Expéditions des Génois en Afrique. 1355. 1388. 1390.

La république de Gênes obtint cependant un traité qui rétablit ses relations avec les princes sarrasins, rouvrit les ports de leurs états à son commerce, et obligea même le roi de Tunis à payer dix mille besants d'or pour les frais de la guerre (1).

Traité de paix entre la république et les Maghrebins.

Uberto Folietta, et d'autres historiens dont les ouvrages sont postérieurs à ces événements, ont dit que l'expédition de 1390 avait été entreprise pour venger la piraterie des Barbaresques sur les chrétiens; le même motif leur avait servi à justifier la trahison qui en 1355, comme un siècle auparavant en 1290, rendit un moment les Génois maîtres de la ville de Tripoli. Il y a dans cette manière d'apprécier les faits une erreur trop grave pour qu'il ne faille au moins la signaler, car elle se rattache immédiatement à l'objet de cette notice, et elle tend à entretenir des idées peu exactes sur la nature des relations des Arabes avec les chrétiens, en reportant au temps où l'Afrique était gouvernée par les dynasties arabes les ressentiments éveillés sous la domination des Turcs.

Observations sur l'expédition de 1390. La piraterie des Africains n'en fut pas le motif.

En temps de guerre, les hostilités, quelles qu'elles fussent, ne pouvaient être considérées comme actes de piraterie; la course réciproque des navires, celle même des navires armés sur des vaisseaux marchands appartenant aux nations ennemies, n'avait rien que de naturel, et de nos jours encore le droit international l'autorise pleinement. Ce n'est donc que durant la paix ou dans l'intervalle des trêves que la course est un brigandage; or, dans ces cas, les marchands chrétiens, les Génois et les Pisans surtout, les Grecs de l'Archipel, les Siciliens, les Vénitiens, et les Catalans après eux, semblent avoir dépassé de beaucoup, non pas peut-être la férocité, mais l'avidité des corsaires barbaresques, sous les successeurs des Barberousse. Ceux-ci attaquaient rarement les barques ou les navires appartenant aux musulmans; les Européens ne s'arrêtaient devant aucune considération.

Il était beaucoup d'armateurs chrétiens qui comptaient dans les bénéfices éventuels de leur commerce le produit des courses que pouvait faire le navire qu'ils envoyaient sur la mer. Dès le XII⁰ siècle, les princes musulmans de Tunis et de Bougie se plaignaient à la république de Pise, avec laquelle ils étaient liés d'amitié, des pirateries des Pisans et des autres chrétiens sur les navires musulmans (2); au XIII⁰, des Génois pillèrent le vaisseau qui portait les présents envoyés au pape par l'empereur Baudouin; les Chypriotes enlevèrent, en pleine paix, les députés qui se rendaient à Constantinople, au nom de Bibars-Bondocdar; au XIV⁰, la Catalogne, devenue la troisième puissance maritime de la Méditerranée, fournit aussi son contingent aux écumeurs de mer. Ses navigateurs, non moins entreprenants ni moins audacieux que les marins génois, exercèrent pendant un demi-siècle les plus cruelles déprédations sur les côtes de l'île de Chypre, dernier boulevard de la chrétienté en Orient, et en vinrent souvent aux mains avec les galères des chevaliers de Rhodes et des Lusignans qui veillaient à leur défense : en 1460, le vaisseau qui ramenait la reine de Chypre en Italie fut dévalisé par un navire vénitien, etc. Ces exemples, que l'on pourrait multiplier à

---

(1) L'auteur de ce mémoire a vainement recherché à Turin et à Gênes l'original du traité dont parle le religieux de Saint-Denis, dans la chronique du roi Charles VI.

(2) Archives *delle Riformagioni*, à Florence, *Cartapecore*. Reg. XXII.

l'infini, suffisent pour montrer que durant le moyen âge les corsaires chrétiens ne respectèrent ni le rang, ni la puissance, ni les Sarrasins, ni leurs compatriotes. Les Arabes, de leur côté, ne négligeaient pas l'occasion de se venger quand ils se trouvaient assez forts pour tenter un coup de main sur un navire européen, et l'on comprend quels périls le commerce avait à braver sur la mer, qui était alors justement appelée *le champ des pirates*. Aussi l'usage s'était généralement établi parmi les navigateurs marchands de chaque nation de se réunir avant le départ et de voyager de *conserve*, sous la protection de galères armées.

La piraterie défendue par les émirs d'Afrique comme par les puissances chrétiennes.

Il faut remarquer toutefois que la piraterie, loin d'être autorisée ou tolérée par les puissances chrétiennes et musulmanes, fut sévèrement prohibée sous les peines les plus graves. Dès les premiers traités que les princes d'Afrique conclurent avec les républiques de Pise, de Gênes et de Venise, on fut d'accord pour interdire expressément la course, pour prendre toutes les mesures qui pouvaient assurer la sécurité des marchands des deux pays, pour obliger chaque puissance à poursuivre le châtiment des armateurs reconnus coupables de piraterie, en indemnisant le propriétaire des marchandises enlevées. L'on connaît en outre plusieurs circonstances historiques qui témoignent de la sincérité des magistrats italiens à dédommager les marchands d'Afrique lésés par leurs nationaux, comme de la bonne foi des princes du Maghreb à satisfaire les réclamations des chrétiens.

Ces bonnes dispositions étaient surtout manifestes dans le royaume de Tunis et dans la partie orientale de la régence d'Alger, provinces qui se sont toujours montrées plus favorables aux communications avec les chrétiens, et où la colonisation fait de nos jours des progrès si remarquables. Mais le Maroc, plus fidèle gardien de la ferveur de l'islamisme et de son intolérance, eut moins de liaison avec les chrétiens; il sévit plusieurs fois contre les religieux cordeliers qu'accueillaient les émirs du Maghreb el-Aouçath, et dès le XIVe siècle, les marins d'Oran, de Mers el-Kebir, de Salé, de Tétouan, s'étaient rendus redoutables par leur barbarie et leurs rapines.

Croisières de musulmans et de chrétiens.

Les républiques italiennes entretenaient cependant des galères armées sur les côtes de l'Italie et sur les côtes d'Afrique, pour veiller à la sûreté du commerce (1); ces croisières se faisaient souvent de concert avec les princes du Maghreb, comme on le voit dans le traité de 1250, conclu par le roi de Tunis avec les Génois. Ces faits expliquent comment les villes maritimes de l'Europe méridionale ont pu, malgré les dangers de la navigation, ouvrir et conserver des relations actives et régulières avec les ports des états musulmans. L'usage de naviguer en conserve permettait aux marchands les moins riches et aux plus petits navires de faire le voyage d'Afrique; les galères qui les accompagnaient les protégeaient durant la traversée, et, rendus dans le Maghreb, ils trouvaient dans les stipulations des traités, fidèlement exécutés, une protection suffisante.

Autres remarques sur l'expédition de 1390. Fidèle observation des traités par les Arabes du Maghreb.

Quand la paix était rompue par la faute ou l'agression de l'une des parties, la course se confondait avec les autres circonstances de la guerre, et devenait légitime comme elle. L'expédition de 1390 ne fut donc pas une croisade destinée à venger la chrétienté de la piraterie des Africains. *Les Génois ont couru sur nos navires, nous avons couru sur les leurs*, voilà comment, au rapport de Froissart, qui a très-bien connu les détails de cette campagne, le roi de Tunis expliqua l'origine de la guerre qu'il avait avec la république. Aussi les musulmans ne pouvaient comprendre comment les Français, avec lesquels ils se trouvaient en paix, étaient venus se joindre aux Génois.

Ces faits nous montrent que les Arabes de Tunis et de l'Algérie observaient fidèlement les traités au moyen âge. On peut donc croire, quoique leur civilisation fût bien déchue depuis les siècles littéraires d'Avicenne et d'Averrhoës, quoique déjà au XVe siècle une tendance plus prononcée vers la piraterie se fût manifestée dans la marine d'Alger, de Bougie, de Tunis, d'Africa, et de Suse; on peut croire que les émirs,

---

1 Les villes dont les républiques maritimes protégeaient le commerce devaient participer à la solde et à l'entretien des galères. La ville de Savone s'y étant refusée dans une circonstance, le tribunal de mer de la ville de Gênes l'y condamna, par une sentence du 4 janvier 1392 *Liber jurium*, de la république de Gênes, conservé aux archives royales de Turin, f° 474.

auraient fini par rétablir complétement la sécurité du commerce et à consacrer les principes dont l'Europe assura le triomphe entre les nations chrétiennes, si leur caractère n'eût été corrompu par l'esprit barbare et orgueilleux du peuple qui soumit le Maghreb à sa puissance au xvi° siècle. Mais avec les Turcs s'établirent sur les côtes d'Afrique de nouveaux principes de mauvaise foi, de férocité et de fanatisme qui, surexcitant les haines religieuses, et aiguillonnant, par la protection assurée aux corsaires, la nature belliqueuse et rapace des indigènes, produisirent cet épouvantable gouvernement dont l'Europe chrétienne n'a que trop longtemps connu les brigandages.

La république de Pise avait cependant réparé ses désastres sous le sage gouvernement des Gambacurti; à la faveur des guerres de Venise contre les Génois, elle avait étendu son commerce dans le Bolonois, dans la Romagne et jusqu'aux Alpes lombardes. Les manufactures, qui avaient été ruinées par suite des guerres du xiii° siècle, s'étaient relevées; l'industrie nationale s'était enrichie de l'art de préparer les étoffes de soie, et de confectionner une espèce de drap, dit *drap pisan*, que ses fabriques expédiaient en grande quantité dans les ports de la Morée, de l'Asie mineure et de l'Afrique. L'activité des manufactures de Pise fut favorable à son commerce maritime, qui balançait encore avec avantage la prospérité de Telamone, où les négociants de Sienne, de Florence et de Pérouse envoyaient leurs marchandises, et la fortune de Livourne, que protégeait l'autorité de Gênes.

La république fit confirmer ses franchises et ses possessions en Afrique dans le traité du 14 décembre 1398, arrêté par Michel de Campo, son ambassadeur, et *Muley Bufferii*, qualifié de roi de Tunis et de toute la Barbarie. Ce traité renouvelle les principales dispositions des anciens accords pour la répression de la piraterie, la liberté du commerce des Pisans et des Arabes, en Italie ou en Afrique; mais quelques-uns de ses articles attestent l'infériorité politique à laquelle leur nation était tombée (1).

Les Pisans, plus exposés qu'aucun autre peuple à la jalousie des villes commerçantes de l'Italie, qu'excitait le souvenir de leur alliance avec les empereurs d'Allemagne et leur longue prospérité, craignaient toujours de se voir attaquer par les navigateurs chrétiens dans les ports étrangers, et surtout en Afrique, où ils avaient de grands priviléges; aussi Michel de Campo profita du renouvellement des capitulations pour former une alliance défensive avec le prince arabe, dont les navires durent prendre partout la défense des Pisans s'ils venaient à être inquiétés. Quoique les marchands de la république fussent encore dans le Maghreb au rang des nations le plus favorisées, on voit que les Arabes, soit sentiment de la faiblesse de leurs alliés, soit désir de faire passer insensiblement leurs priviléges aux Vénitiens, ne tenaient plus aussi scrupuleusement à assurer les franchises de leur commerce. Ils stipulèrent, dans le traité de 1398, que si un Pisan occasionnait quelque dommage à un sujet du roi, le consul de la république serait responsable du délit, et la nation ne paraît avoir élevé aucune plainte sur cette mesure, qui contrevenait ouvertement aux faveurs garanties par les anciens traités. Les marchands chrétiens acceptaient ces conditions en Syrie et en Égypte, où les consuls étaient considérés comme des otages; mais elles ne leur avaient pas été imposées dans le Maghreb; et dans le temps même où le roi de Tunis les exigeait des Pisans, on ne voit pas qu'il les ait étendues aux autres nations italiennes. Il y a plus, les Florentins parvinrent, à ce qu'il paraît, à les faire révoquer, quand ils succédèrent complétement aux droits des Pisans en Afrique.

Cette révolution eut lieu au commencement du xv° siècle, lorsque Florence, après un demi-siècle de guerre pour étendre sa domination jusqu'à la mer, fut parvenue à assujettir la république de Pise à sa domination (1406) et à déterminer les Génois, dont le trésor public s'était appauvri au milieu des dissensions civiles, à lui vendre la ville et le port de Livourne (1421).

Florence, qui exerçait déjà la plus grande influence sur la politique intérieure de l'Italie, devenue alors une puissance maritime, domina le commerce des Génois sur la Méditerranée, et donna quelque temps de

____

(1) Ce traité a été publié par Lünig, *Codex diplomaticus Italiæ*, tome 1, page 1118; et par Rousset, *Supplément au corps diplomatique* de Dumont, tome 11, page 285.

sérieuses inquiétudes à la république de Venise. Elle traita avec les empereurs grecs, avec les rois de Chypre, avec les sultans d'Égypte et les autres princes arabes de l'Afrique; elle obtint d'eux l'attribution des consulats et des comptoirs que les Pisans avaient établis autrefois dans leurs états, et donna tous ses soins à développer son commerce extérieur, dont un proverbe, longtemps populaire en Europe, rappelle encore les innombrables et lointaines ramifications du xve au xviie siècle.

Les premières capitulations connues qui renouvelèrent en sa faveur, dans le Maghreb, les priviléges des Pisans sont du 7 de xucal, 827 de l'hégire (octobre 1424). Le traité fut négocié par Barthélemy de Galeo, citoyen de Florence, au nom et dans l'intérêt de la république; mais comme il importait aux Florentins, bien assurés par d'énergiques mesures de la soumission des Pisans, de ne point ruiner entièrement le commerce d'une ville qui leur appartenait désormais, l'ambassadeur, se conformant à ses instructions, étendit expressément la faveur du traité sur les Pisans, qui devinrent, par un retour de fortune, les sujets protégés de ceux qu'ils avaient patronés dans les siècles précédents. Les anciennes stipulations relatives à la sûreté du commerce, à la protection des naufragés, à la vente des navires, aux droits et aux obligations des courtiers interprètes, aux ventes à l'enchère sous la garantie des officiers de la douane, furent maintenues par le nouveau traité. Il fut déclaré que les Florentins et les Pisans seraient libres d'apporter toutes marchandises en Afrique sous le droit ordinaire de dix pour cent, et de cinq pour cent sur l'argent, l'or et les pierres précieuses; il fut dit qu'ils pourraient les transporter à leur gré dans toutes les villes du pays, et qu'ils ne seraient tenus de payer les droits d'entrée que six mois après la sortie des marchandises des magasins de la douane.

Il fut reconnu que les Florentins, les Pisans et les sujets de la seigneurie de Piombino, admis aussi par la république de Florence au bénéfice du traité, pourraient avoir des fondouks dans les villes du royaume d'Afrique. Il fut stipulé cependant que les marchands, chrétiens ou musulmans, quel que fût leur pays, ne pourraient y déposer leurs marchandises sans le consentement des Florentins, et que les consuls résidant dans le Maghreb pour protéger le commerce des villes ci-dessus désignées seraient à la nomination de la république de Florence, ainsi qu'il se pratiquait dans tous les pays où les Florentins avaient recueilli l'héritage des Pisans. Les articles du traité qui établissent ces principes, prévoyant le cas où un homme des seigneuries de Florence ou de Piombino viendrait à causer quelque tort à un Arabe, obligent le consul de Florence à faire justice au marchand lésé, mais ne rendent pas ce magistrat passible des dommages, comme le traité de 1398 l'avait imposé aux consuls pisans, au mépris des anciennes franchises de la nation.

Les Florentins obtinrent encore le renouvellement des dispositions les plus favorables des premiers traités conclus avec la république de Pise, et notamment des articles qui avaient assuré longtemps à ses armateurs les profits considérables du fret et de la commission, en stipulant que leurs priviléges protégeraient aussi les hommes et les marchandises des pays étrangers venant en Afrique sur navires florentins. Seulement il fut convenu que les marchandises payeraient les tarifs de douanes comme importations étrangères non privilégiées, ce qui indique peut-être que les provenances directes de Florence, de Pise et de Piombino avaient obtenu une réduction sur le droit ordinaire de dix pour cent. Il fut convenu en outre que les sujets ou protégés de la république de Florence jouiraient des avantages stipulés dans le présent traité, lors même qu'ils viendraient en Afrique avec leurs marchandises sur un navire étranger.

En retour de si grandes concessions, la république toscane promit liberté et défense à tous les marchands arabes du royaume de Tunis et ses dépendances qui venaient commercer en Italie; elle s'engagea à s'unir aux musulmans pour combattre leurs ennemis ou les corsaires, car le traité consacrait une alliance offensive et défensive entre les deux états.

Le pacte de 1424 est le dernier accord connu de nous qui ait été arrêté entre les princes arabes de l'Afrique septentrionale et les états du nord de l'Italie pour régler leurs relations et leur commerce. Il paraît avoir été regardé toujours comme le fondement des priviléges de la république de Florence et de ses nouveaux sujets, non-seulement dans le royaume de Tunis, où il avait été conclu, mais dans le royaume de Bougie et dans la partie occidentale de l'Algérie dépendant du Maroc, où l'esprit de ses dispositions fut généralement adopté (1).

Venise, parvenue au plus haut degré de sa prospérité, avait facilement conservé ses priviléges en Afrique. Affermie en Italie par la chute de Pise, par la décadence de Gênes, par ses conquêtes de terre ferme; riche d'une innombrable marine marchande qui n'occupait pas moins de 25,000 matelots, et dont les gros navires portaient jusqu'à un million de livres en poids; disposant de grandes flottes armées qui protégeaient partout les intérêts de ses nationaux, Venise, par ses relations continues avec le Maghreb, qui lui donnait les productions de l'Afrique centrale; avec l'Égypte, qui lui fournissait en quantités immenses les épiceries de l'Inde, les gommes et les parfums de l'Arabie; avec l'île de Chypre, d'où elle retirait du sel, du blé, du sucre, des plantes aromatiques, du cuivre et des étoffes; avec la Syrie, l'Asie Mineure et Constantinople, où elle allait chercher les productions et les tissus variés d'Alep, de Damas, de Smyrne, de Trébizonde, de Sivas, de Broussa, de Moussoul et de la Perse; avec les ports de la mer Noire et de la mer d'Azov, où elle trouvait les pelleteries et les métaux que ne lui donnaient pas ses rapports avec l'Europe par les routes de terre; Venise était devenue l'immense entrepôt des marchandises de l'Afrique et de l'Asie, le véritable centre des affaires commerciales de l'Europe.

Gênes, malgré les révolutions qui la firent passer tour à tour sous la domination de différents princes étrangers, malgré la perte de ses colonies de Famagouste et de Caffa, prit toujours une part active au commerce d'Afrique. La Lombardie et le Piémont versaient dans son port les marchandises destinées à l'exportation, et parmi celles que les Génois dirigeaient sur l'Afrique on remarque des futaines, des draps de qualité inférieure, en partie confectionnées à Gênes, en partie provenant des autres villes de l'Italie septentrionale; des toiles, des bonnets de laine teints en rouge, article dont la seule ville de Gênes expédie encore annuellement plus de 15,000 douzaines en Afrique et dans le Levant. Gênes faisait un grand commerce de cuirs et de cire avec Collo; ses marchands étaient fixés à Bougie et à Bône, et peut-être est-ce à cette époque qu'il faut faire remonter l'origine de l'établissement et du fort qui porte encore aujourd'hui le nom de *fort génois* au nord-ouest de Bône.

L'île de Corse, enlevée aux Florentins par les Génois, en 1481; la Sardaigne, la Sicile et l'Italie méridionale, où régnait la maison d'Aragon, étaient toujours en rapport avec l'Afrique; Ancône, quoique privée de l'exportation des marchandises de Florence depuis la conquête de Pise, n'avait pas cessé d'y envoyer ses navires, dont les propriétaires ajoutaient à leurs cargaisons les expéditions particulières de Bologne, de Ravenne et de plusieurs petites villes de l'Adriatique.

Les ports de l'Algérie où les commerçants italiens se rendaient le plus habituellement, au xv⁰ siècle, étaient ceux de Tabarque, de Bône, de Bougie, d'Alger, de Cherchel, de Tenès, de Mazagran, d'Arzeu et d'Oran. Ils y apportaient, comme dans les temps anciens, des étoffes, des draps, de la verroterie, des ustensiles et autres objets fabriqués; ils en rapportaient des grains, des fruits secs, de l'huile, du fenouil, des poissons salés, des cuirs, des chevaux, des laines, de la cire, des écorces tanniques, du bois d'aloës et des ouvrages de sparterie, principalement des corbeilles, des cabas et des nattes confectionnés avec les joncs d'Afrique et les dépouilles du palmier dans les provinces orientales.

Malgré la continuité des rapports de l'Italie avec l'Afrique septentrionale au xv⁰ siècle, que les documents attestent suffisamment, il est impossible de croire que le commerce des deux pays ne se soit ressenti des grands événements survenus à la fin de ce siècle, et que l'ensemble des produits échangés par les Italiens et les Maghrebins ne fût alors moindre qu'il n'avait été au xiii⁰ et au xiv⁰ siècles.

Sans parler de la découverte de l'Amérique, qui opéra une révolution dans le commerce du monde,

____

(1) Benedetto Dei, écrivain du xv⁰ siècle, dont la Chronique manuscrite est conservée à la Bibliothèque Magliabecciane de Florence, dit en plusieurs circonstances que les Florentins, ses compatriotes, avaient des comptoirs et des consuls dans toute la Barbarie.

l'extension des conquêtes du Portugal sur la côte occidentale d'Afrique et la découverte du cap de Bonne-Espérance, en attirant bientôt dans ces nouvelles voies une grande partie de la marine marchande de la Méditerranée, et transportant de Venise à Lisbonne l'entrepôt des marchandises de l'Asie et de l'Afrique centrale, dut nuire au Maghreb du milieu, où l'Italie et l'Europe venaient chercher une partie de ces productions. Néanmoins les relations des deux pays furent toujours considérables, actives, régulières ; les princes arabes les favorisèrent toujours ; ils respectèrent les propriétés, les personnes, les franchises et les consuls des nations étrangères, et particulièrement de l'Italie, car la France n'était pas encore la nation la plus favorisée dans l'Afrique septentrionale (1) ; ils accordèrent une protection réelle aux commerçants italiens sur leurs côtes et dans l'intérieur du pays ; ils leur garantirent et respectèrent le libre exercice du culte catholique ; ils leur permirent de construire des maisons, des couvents et des églises ; ils sévirent contre la piraterie ; ils ne donnèrent pas lieu de se plaindre de leur mauvaise foi dans l'exécution des traités : c'est là ce qu'il importe surtout de remarquer, parce que ces circonstances nous signalent au xv° siècle, comme nous l'avons observé au xiii°, dans le fond de la population arabe de l'Afrique septentrionale, surtout dans la partie orientale de l'Algérie et dans la province de Tunis, si ce n'est une disposition à la bienveillance et à la liaison avec les Européens, du moins, pour ne rien exagérer, des sentiments infiniment moins hostiles que ceux qui s'y développèrent plus tard.

Mais quand l'Algérie eut passé sous la domination des Turcs, par suite d'événements dont il a été parlé ailleurs, qu'y voit-on au contraire ? Un pays opprimé par les exactions ; l'industrie et le commerce renfermés dans quelques villes ; les relations des Européens avec les musulmans gênées par les mesures arbitraires et frauduleuses de la cupidité insatiable des deys ; les plus affreuses déprédations contre les marchands chrétiens, sur terre et sur mer, encouragées et protégées par les dépositaires de l'autorité souveraine, qui prélevaient une dîme sur toutes les prises ; la traite des blancs organisée ; les priviléges religieux remplacés par la faculté donnée aux Pères de la Rédemption d'apporter le tribut que les Turcs prélevaient annuellement sur la chrétienté pour le rachat des esclaves chrétiens ; la violation des traités, la trahison envers les consuls, la confiscation des propriétés des Européens, et souvent l'arrestation des personnes en cas de rupture, devenus des faits habituels, prévus, périodiques, et restés le plus souvent impunis : tels sont les résultats les plus manifestes de la domination ottomane en Algérie.

La France, qui a rétabli par ses armes la sécurité sur ces côtes si longtemps inhospitalières, pourra-t-elle, par sa sagesse et sa persévérance, y ranimer la civilisation et le commerce qui faisaient encore la fortune de la population indigène au xiv° et au xv° siècles ?

---

(1) Ce ne fut qu'au xvi° siècle, et par suite de l'alliance de François Iᵉʳ avec Soliman. La France a conservé depuis ce temps et jusqu'à nos jours, dans les régences barbaresques soumises à la Porte, certains priviléges utiles ou honorifiques, dont nous avons parlé dans la notice des principaux traités de commerce conclus par ses princes avec les Régences d'Afrique. V. *Tableau de la situation de l'Algérie en 1840,* page 412.